O TEXTO E SUA INTERPRETAÇÃO

CB018144

BRUNO CARNEIRO LIRA

O TEXTO E SUA INTERPRETAÇÃO

NOÇÕES DE SEMÂNTICA, PRAGMÁTICA E PROSÓDIA

Dados Internacionais de Catalogação na Publicação (CIP)
(Câmara Brasileira do Livro, SP, Brasil)

Lira, Bruno Carneiro
O texto e sua interpretação : noções de semântica, pragmática e prosódia / Bruno Carneiro Lira. – São Paulo : Paulinas, 2019. – (Comunicar)

ISBN 978-85-356-4500-2

1. Ciências da linguagem 2. Comunicação linguística 3. Pragmática 4. Semântica 5. Sons 6. Texto I. Título. II. Série.

19-24082   CDD-401

Índice para catálogo sistemático:
1. Ciências da linguagem : Linguística 401

Maria Alice Ferreira - Bibliotecária - CRB-8/7964

1ª edição – 2019
1ª reimpressão – 2019

Direção-geral: Flávia Reginatto
Editora responsável: Maria Goretti de Oliveira
Copidesque: Ana Cecilia Mari
Coordenação de revisão: Marina Mendonça
Revisão: Sandra Sinzato
Gerente de produção: Felício Calegaro Neto
Diagramação: Jéssica Diniz Souza
Fotos de capa: Fotolia – © BillionPhotos.com

Nenhuma parte desta obra poderá ser reproduzida ou transmitida por qualquer forma e/ou quaisquer meios (eletrônico ou mecânico, incluindo fotocópia e gravação) ou arquivada em qualquer sistema ou banco de dados sem permissão escrita da Editora. Direitos reservados.

Paulinas
Rua Dona Inácia Uchoa, 62
04110-020 – São Paulo – SP (Brasil)
Tel.: (11) 2125-3500
http://www.paulinas.com.br – editora@paulinas.com.br
Telemarketing e SAC: 0800-7010081
© Pia Sociedade Filhas de São Paulo – São Paulo, 2019

Sumário

Prefácio 13

Apresentação 17

1 Semântica: a construção dos sentidos nos textos 23

2 Pragmática: situações de fala e efeitos intencionais 53

3 Prosódia: emissão dos sons da fala, acentuação tônica, entoação, duração e intensidade 69

4 Adequação linguística: a humildade dos interlocutores ... 89

5 Coda 103

Posfácio 107

Referências 111

Dedico aos professores de Língua Portuguesa que, como eu, buscam ensinar para que a comunicação adequada se faça.

À professora de Língua Portuguesa Maria Stella Façanha Costa, autora de uma das epígrafes desta obra.

Às minhas amigas e colegas do mestrado em Ciências da Linguagem: Eneida Gondim, Kátia Albuquerque e Luciana Amorim, grandes pesquisadoras e linguistas.

E um agradecimento especial aos meus queridos amigos, professor Laércio Queiroz e professora Maria Elisângela Magalhães, pela gentileza do prefácio e do posfácio.

"Soam os sinos da Sé do Salvador do mundo,
soam os sinos de São Pedro,
soam os sinos de São Bento...
soam, ressoam, aqui e ali, mais adiante,
num movimento vibratório de assonâncias,
consonâncias, dissonâncias que se confundem, se combinam,
se evolam e se dissolvem no ar.
A cidade amanhece, envolvida numa polifonia
do mais puro bronze."[1]

---

[1] CARVALHEIRA, Luiz Maurício. *Rito: o mistério de Juliano*. Rio de Janeiro: Letras & Expressões, 2000, p. 20.

Querido amigo,

Por que me pede parecer do que penso da importância dos estudos da semântica e prosódia? O "mestre" é você que sabe ser a língua culta determinante, cabendo aos professores incentivarem seus alunos a falarem e escreverem dentro desse padrão. Se a língua culta determina a posição correta das sílabas tônicas da palavra, não vamos permitir que cometam silabadas, os erros de prosódia.

Quanto aos recursos semânticos, parte da linguística, eles dão beleza ao texto. Merecem ser estudados, embora me pareçam ser um impulso natural da pessoa que escreve, uma espécie da eternidade ao estilo de cada pessoa, oferecendo mais brilho e ênfase à comunicação.

Espero ser presenteada com seu livro sobre esses conteúdos. Com segurança, irei deparar-me com jardins vestidos de flores para meu deleite. Livros bons, lindos presentes.

Obrigada por sua amizade.

Maria Stella Façanha Costa

Uma academia agrega ideais,
Partilha, na humildade...!
A de Letras, nem se fala...
Revela-se, desenvolve-se, lança um olhar,
Rompe estruturas gramaticais e trata
Do estilo das palavras,
Colocando-as no lugar devido.
É a arte no dizer dos seus confrades
Que se utilizam das estruturas da língua:
Trabalham sons,
Trabalham forma,
Trabalham sintaxe,
Trabalham semântica,
Trabalham pragmática.
Tudo para favorecer o gosto pela leitura
E dar prazer àqueles que se detêm
Nas linhas criadas e imortalizadas
Pelos acadêmicos.

Prefácio

"Minha pátria é a Língua Portuguesa."
Fernando Pessoa

Quando Dom Bruno me solicitou que escrevesse o prefácio de seu próximo livro, pensei se tratar de brincadeira inocente. O suposto convite aconteceu em uma quarta-feira, após nosso planejamento pedagógico, que ocorre, periodicamente, na unidade do Sesc de Santo Amaro das Salinas. Eu, crendo se tratar de brincadeira do padre, aceitei sem relutar. Produtivo como é, no dia seguinte, revisitou a conversa e disse-me que já estava encaminhando o livro e que faltavam apenas dois ou três capítulos. Nesse momento, descobri que o convite era factual, e eu teria a missão delicada de prefaciar a obra.

Naturalmente, louvei sua condescendência sacerdotal, pois poderia ele pedir a alguém mais qualificado que desenvolvesse a tarefa, contudo, preferiu me presentear com a diáfana, porém difícil, incumbência. E, como diz um adágio, "missão dada é missão cumprida", eis o prefácio.

O título já aponta para o objetivo da obra, qual seja, iniciar o leitor ingênuo nas encruzilhadas da linguagem. Propõe-se o estudioso a investigar aspectos usuais da comunicação, tendo por base a semântica, a pragmática e a prosódia. E o faz com rigor e, ao mesmo tempo, leveza. Os exemplos de que se serve o autor podem ser encontrados nos variados ambientes em que a comunicação se realiza. Nesse sentido, ele procura dialogar com renomados teóricos da linguagem, como, por exemplo, Ducrot, Backtin entre outros estudiosos.

Justamente, nesse momento em que, na academia, intensificam-se os estudos da valoração da linguagem "viva", cujo contexto de uso ganha evidência, torna-se pertinente a intenção do autor de ratificar aspectos da linguagem tão presentes nos mais diversos espaços comunicativos.

Convém ressaltar a relevância que se dá aos gêneros discursivos cotidianos. Nesta obra, sob a égide dos Parâmetros Curriculares Nacionais (PCN), publicados no ano de 1998, o autor parece propor, para sala de aula, uma intervenção que utilize os vários gêneros discursivos. Nada mais justo, pois a escola não se deve limitar aos gêneros tradicionalmente aceitos, e sim inserir, no ambiente escolar, entrevistas, cartas, notícias jornalísticas, artigos de opinião, receitas, textos publicitários etc.

Afigura-me ainda que, a todo instante, o pesquisador pretende afirmar a importância do discurso contextual, quando a linguagem apenas ganha sentido em situação de uso. Bem assim, a locução, para se tornar precisa, sempre dependerá da interpretação do leitor/ouvinte, pois reside nele a finalidade da mensagem.

A tríade por Dom Bruno estudada está presente em todos os enunciados, pois não há mensagem, se estiver ausente. Considerando a pragmática, a semântica e a prosódia, sabe-se que são responsáveis pela construção linguística junto à situação comunicativa. Sem elas, haveria uma uniformização do discurso, faltaria a individualidade, a subjetividade do falante. Nesse sentido, são primordiais para a compreensão do que se pretende expressar.

Durante diversas práticas habituais, ao fazer uso da linguagem, o ser humano se utiliza dos gêneros. Estes existem porque a língua é um instrumento de interação que contribui com as práticas sociais de produção e recepção, sendo impossível se comunicar sem o uso de um gênero discursivo. E Dom Bruno entende que a produção social discursiva é, de fato, uma tessitura infindável de ressignificação. Eis o motivo de pôr sempre em relevo "o discurso na vida".

Propõe o criador deste livro, como o título sugere, instrumentalizar o leitor com noções básicas sobre os assuntos abordados. E, pelos caminhos palmilhados, a obra será de utilidade ao público de diversos segmentos: estudantes do Ensino Médio, de Letras, àqueles que se preparam para prestar concursos públicos, além dos que, apenas por prazer, possam se interessar em aventurar-se nos estudos da linguagem.

Sabe-se que a linguística não se ocupa apenas da norma culta, seu papel essencial é tratar da epifania da "palavra", seja oral ou escrita. Talvez, advenha dessa verdade a iniciativa de Dom Bruno em trilhar essas veredas: contribuir com o estudo da linguagem em processo criativo.

Convém sinalizar que, longe de esgotar o assunto aqui discutido, o autor submete ao leitor a obra em questão e entende ser o receptor também parte da obra. E, por isso, responsável por a ela dar sentido. Compartilhando e ressignificando.

Espero que a abordagem encontrada neste livro seja veemente utilitária para o leitor, numa justa valoração da linguagem como parte da inter-relação cotidiana, pois é de importante contribuição para o estudo da linguagem. Serve para mostrar que a análise dos fatos linguísticos se sobrepõe ao enquadramento da língua.

Aproveite sem moderação.

Laércio Queiroz

Doutor em Linguística (UFPB); mestre em
Teoria da Literatura (UFPE);
especialista em Antropologia (UFPE).
Dirigente da Comissão Pernambucana de Folclore
e professor do Ensino Superior e do Ensino Médio da rede particular.

Apresentação

Os humanos se diferenciam dos outros seres vivos pela capacidade racional de comunicação. Este traço distintivo é fundamental nas relações, pois, com a fala ou a escrita, podemos expressar nossas necessidades, escolhas, defesas de teses. A língua, como um código arbitrário de comunicação, nasce naturalmente entre comunidades de falantes e se modifica através dos tempos, porque o homem é histórico-contextual e vai se transformando ao longo da história. Assim, palavras morrem, novos vocábulos nascem e outros renascem: os famosos arcaísmos e neologismos. Para que uma língua tenha vida, deve processar-se a partir de cinco aspectos que são fundamentais para sua existência: a fonética e fonologia; a morfologia; a sintaxe; a semântica e a pragmática. Como o próprio nome já indica pelo prefixo, a *fonética* e a *fonologia* estão preocupadas com os sons, sendo que a primeira se preocupa com os sons da fala de uma maneira geral e considera a importância do aparelho fonador para que os sons sejam produzidos (boca, lábios, dentes, palato mole e duro, glote, pregas vocais, respiração), pois tudo deverá estar em harmonia para que a comunicação oral aconteça sem ruídos. Já a fonologia atenta para os sons próprios de uma determinada língua em comunidades distintas de falantes, por exemplo, a Língua Portuguesa falada aqui no Brasil possui sons que lá em Portugal não existem e vice-versa. É nesse aspecto que se localizam as questões de *prosódia*, ou seja, a maneira como os sons se apresentam na fala, como entoação, tonalidade, altura, acentos, duração..., influenciando, diretamente, a interpretação dos textos orais. A *morfologia* estuda a forma da língua, suas classes de palavras e flexões. A *sintaxe* se preocupa com as relações dos vocábulos na composição dos segmentos linguísticos, pois, dependendo da disposição dos mesmos e da pontuação, os processos interpretativos e, consequentemente, os significados mudam. Esses sentidos formam os textos definidos aqui como uma unidade de sentido. É essa a preocupação da *semântica* que se constitui como a ciência da produção de sentidos, andando sempre junto com a *pragmática*, que se preocupa com os contextos de uso em determinado lugar onde a língua oral ou escrita é produzida. É daqui que vem a preocupação com a adequação linguística, pois, ao escrevermos ou falarmos nossos textos, temos que nos ater aos destinatários, a seus espaços socioculturais, para escolhermos a maneira do bem dizer ou escrever questões relativas aos gêneros, tipos e suportes textuais. Tudo deverá ser adequado aos interlocutores nos momentos dos atos de fala.

Durante muito tempo, a escola se preocupou, apenas, com os três primeiros aspectos linguísticos: a fonética/fonologia, a morfologia e a sintaxe. Estes elementos por si só não levam as pessoas a falarem bem, com desenvoltura, a terem fluência em escrever ou interpretar textos. São todos de grande auxílio, mas aquilo que se diz ou se escreve é para que seja entendido, por isso que, cada vez mais, o acento tem caído nas questões de semântica, pragmática e prosódia. Há, assim, uma inter-relação entre esses três aspectos da linguística, pois todos eles interferem nos significados das sentenças. Essa tríade constitui o objeto de estudo deste compêndio, tendo os processos interpretativos como motivadores do mesmo. Vale a pena recordar, neste momento, as palavras de Manguel (2004, p. 19), uma verdadeira ode sobre o ato de ler e produzir sentidos nos textos em suas várias dimensões: "Ler as letras de uma página é apenas um dos seus muitos disfarces. O astrônomo lendo um mapa de estrelas que não existem mais; o arquiteto japonês lendo a terra sobre a qual será erguida uma casa, de modo a protegê--la das forças malignas; o zoólogo lendo os rastros de animais na floresta; o jogador lendo os gestos do parceiro antes de jogar a carta vencedora; a dançarina lendo as notações do coreógrafo e o público lendo os movimentos da dançarina no palco; o tecelão lendo o desenho intrincado de um tapete sendo tecido; o organista lendo várias linhas musicais simultâneas orquestradas na página; os pais lendo no rosto do bebê sinais de alegria, medo ou admiração; o adivinho chinês lendo as marcas antigas na carapaça de uma tartaruga; o amante lendo cegamente o corpo amado à noite, sob os lençóis; o psiquiatra ajudando os pacientes a ler seus sonhos perturbadores; o pescador havaiano lendo as correntes do oceano ao mergulhar a mão na água; o agricultor lendo o tempo no céu – todos eles compartilham com os leitores de livros a arte de decifrar e traduzir signos. Algumas dessas leituras são coloridas pelo conhecimento de que a coisa lida foi criada para aquele propósito específico por outros seres humanos – a notação musical ou os sinais de trânsito, por exemplo – ou pelos deuses – o casco da tartaruga, o céu à noite. Outras pertencem ao acaso. E, contudo, em cada caso é o leitor que lê o sentido; é o leitor que confere a um objeto, lugar ou acontecimento uma certa legibilidade possível, ou que a reconhece neles; é o leitor que deve atribuir significado a um sistema de signos e depois decifrá-lo. Todos lemos a nós e ao mundo à nossa volta para vislumbrar o que somos e onde estamos. Lemos para compreender, ou para começar a compreender. Não podemos deixar de ler. Ler, quase como respirar, é nossa função essencial".

Como vemos, o autor nos mostra, claramente, que a leitura vai além dos signos linguísticos e que sua compreensão passa pelos contextos sociais de cada leitor. São, portanto, os leitores que constroem os sentidos dos textos, sejam eles não verbais ou verbais. Ler como processo de construção de sentidos vem antes do escrever. Há pessoas que não escrevem, mas todas leem e falam.

E, ainda, para Demo (2009, p. 60): "Ler é processo cumulativo, no sentido de que cada leitura nova funda-se em outras anteriores e as transcende. Importa a compreensão, para além do reconhecimento das palavras. Não se leem palavras, mas constroem-se significados, nelas, por elas e, sobretudo, além delas e apesar delas".

E é nesse sentido que nos deparamos com a tese de Bakhtin da dialogia e polifonia do discurso.

Aqui, temos a intrínseca relação entre a semântica, a pragmática e a prosódia, sendo que esta última é produtora de sentido a partir dos elementos suprassegmentais.[1]

Nosso livro está dividido em cinco capítulos, sendo o último as considerações finais.

O primeiro vai aprofundar as questões de semântica nos processos de construção dos sentidos dos textos, pois faz parte do nosso cotidiano produzir textos com significados para

---

[1] Acento, tonalidade, entoação, altura, ritmo... nos atos de fala.

serem entendidos em sua plenitude. Quando lemos ou ouvimos um texto, a primeira coisa a ser feita é compreendê-lo, interpretá-lo, a partir das nossas experiências, e retê-lo na íntegra. Como já vínhamos dizendo, trataremos de três tipos de abordagem: a semântica referencial, a mentalista (formalista) e a abordagem pragmática, pois são importantes para o entendimento pleno dos textos, já que no dia a dia não estamos preocupados com as questões de nomenclatura, classificações ou análises, mas sim com a compreensão daquilo que foi e é dito ou escrito. Ainda, encontramos uma interface direta entre a pragmática e a semântica, pois os atos de fala e suas implicações conversacionais apresentam temas que estão no mesmo terreno, os usos da língua.

A pragmática é assunto do nosso segundo capítulo, que partirá situando o momento de produção, ou seja, as situações de fala e seus efeitos intencionais dirigidos aos destinatários dos textos. Trata, portanto, dos usos da língua, utilizando o emprego da gramática nos diferentes atos de fala. Daí a preocupação com *o que dizer ou escrever*; com o *como*; o *onde* e o *para quem*.

O seguinte trará reflexões sobre as questões de prosódia, mostrando a importância do som no processo de produção oral dos textos (sobretudo, a acentuação tônica, a entoação, a duração e a intensidade, que constituem o seu objeto de investigação), assim como a sua influência na interpretação dos sentidos em determinada comunidade de falantes.

Em seguida, traremos um estudo sobre a adequação linguística e sua importância nos processos comunicativos, enfatizando a humildade do emissor que se esconde por trás dos véus para favorecer, pela maneira simples e clara do dizer, o entendimento dos seus receptores. Esse capítulo também discute questões relativas à norma culta/padrão da Língua Portuguesa, a sua função social e aos momentos em que devemos utilizá-la. Todas essas reflexões favorecem o ato interpretativo, de grande utilidade para o Exame Nacional do Ensino Médio (ENEM) e outros tipos de seleções.

Para concluir, sugerimos formas de ensino que tenham por base esta tríade: semântica, pragmática e prosódia, deixando o tema bem aberto para as futuras pesquisas e opiniões de nossos leitores e leitoras que, com toda certeza, completarão nossas linhas e darão, a partir de seus contextos, seus próprios sentidos a este meu texto.

1

Semântica
A construção dos sentidos nos textos

Como já vimos na apresentação, a *semântica* se preocupa com o estudo do significado das línguas, portanto, liga-se às habilidades linguísticas dos seres humanos, baseando-se em conhecimentos específicos que o falante tem sobre a língua e a linguagem. É a partir desses conhecimentos, muitas vezes compartilhados pelos usuários das línguas, que se chega ao entendimento dos sentidos dos textos. Conhecer bem determinada língua significa entender a sua gramática, ou seja, os princípios e regras que a definem, pois um falante de qualquer língua possui diferentes tipos de conhecimentos que se ligam a essas normas, como: um vasto vocabulário, a maneira de pronunciar as palavras (prosódia) e sua construção no processo de formação das sentenças. Esse conhecimento permite aos falantes vários saberes. Por exemplo, podemos observar que as sentenças a seguir são sinônimas, pois transmitem, com outras palavras e modos, a mesma mensagem:

a) *Até nossos dias, muita gente pensa que a terra ainda é o centro do universo.*
b) *Muitas pessoas, atualmente, ainda creem que o nosso planeta é o centro do cosmos.*

Já as seguintes são contraditórias:

a) *O Marcos é um padre.*
b) *O Marcos não é um padre.*

Também a uma mesma sentença podemos atribuir duas interpretações:

* *A princesinha da minha sobrinha está triste.* (Podemos interpretar que se está falando de uma sobrinha querida, recém-nascida e bonita, como também que o interlocutor possa ser um nobre e que esteja falando de uma verdadeira princesa.)

Às vezes, os aspectos da prosódia também ajudam na construção dos significados, como em:

a) Você quer ganhar na mega-sena?
b) Não!!! (sendo que o interlocutor deu uma entonação à fala acompanhada com um gesto de aceitação feito com o balançar da cabeça).

Os fatores extralinguísticos (suprassegmentos[1] e elementos paralinguísticos[2]) fazem o falante entender que o *não* é, na verdade, um *sim*. Aqui, entramos no campo da semântica e da expressão corporal, que nos dão o pleno entendimento da sentença. Precisamos, também, recorrer à pragmática, que são os contextos de uso e a intenção de fala. Para Cançado (2013, pp. 19-20):

> O estudo da pragmática tem relação com os usos situados da língua e com certos tipos de efeitos intencionais... Nem sempre

---

[1] Fatores relacionados à altura da voz, entonação, ritmo, acento, que são campo de estudo da prosódia, como já dissemos em nota anterior.
[2] Os gestos, por exemplo.

é tão clara essa divisão e nem sempre conseguimos precisar o que está no terreno da semântica e o que está no terreno da pragmática.

A partir desta definição, concluímos que o objeto de estudo da semântica não só é a menção das palavras e sentenças isoladas dos seus contextos de produção, mas como a pragmática também se preocupa com as palavras e sentenças inseridas em seus vários momentos de produção textual.

Dentre as relações semânticas ainda podemos destacar: a pressuposição, a polissemia, homônimos, hiperônimos e hipônimos, paráfrases, antonímia, ambiguidade e as metáforas.

A respeito das *pressuposições*, quase sempre se referem a um processo que permite deduzir certos fatos não explicados a partir de outros que são explícitos nos textos. Exemplo: *Pedro, agora, é rico*. O advérbio de tempo: AGORA, faz-nos pressupor que antes ele era pobre, e esta é uma verdade irrefutável implícita que se pressupõe a partir de um vocábulo explícito.

Portanto, os pressupostos são marcados por advérbios, verbos, orações adjetivas e adjetivos. O pressuposto, como vimos, é um dado apresentado como indiscutível para o falante ou o ouvinte e não permite contestações. Ele vai construindo os sentidos do texto de maneira implícita. Vem sempre atrelado aos *subentendidos*, que são insinuações dentro dos enunciados que podem ser deduzidas a partir de alguma informação fornecida. Uma sentença pode ter vários pressupostos e subentendidos, sendo que este último depende da interpretação de cada pessoa, tendo como ponto de partida os seus conhecimentos prévios contextuais. Exemplo: *O Miguel não pode mais conduzir veículos.* O pressuposto é de que Miguel antes podia dirigir um automóvel. Com relação ao subentendido, podem existir vários. Pode ser que ele não dirija mais porque teve sua carteira de motorista cassada pela lei seca do trânsito ou por ter sofrido um grave acidente e ter perdido a coordenação motora, e assim por diante. Portanto, subentender é prever ou entender através da inteligência aquilo que não está expresso nos textos, mas que é implicitamente compreendido.

É a Teoria da Argumentação de Oswald Ducrot que nos traz os conceitos de pressupostos e subentendidos. São artifícios linguísticos para a construção dos discursos. Ao se utilizar o pressuposto que está para além do que se está posto, o autor coloca o leitor ou o ouvinte em uma posição de cúmplice, isto é, ele deverá reconhecer e aceitar o enunciado, pois está no âmbito do "nós". Quando se usa o subentendido, ocorre uma transferência para o interlocutor da atividade interpretativa do enunciado, e temos aqui o âmbito do "tu".

Com o posto (dito ou escrito), pressuposto ou subentendido, proposto por Ducrot (1987), podem-se analisar vários enunciados. Silva (2017, p. 2), ao tratar dos gêneros textuais, apoia-se na teoria de Mikhail Bakhtin e afirma que:

> Cada campo de utilização da língua elabora seus tipos relativamente estáveis de enunciados, os quais se denominam gêneros do discurso. Esses estariam divididos em primários/simples (bate-papo, carta etc.) e secundários/complexos (romances, pesquisas científicas etc.). Ainda de acordo com Bakhtin, o estudo da diversidade de formas de gêneros nos diversos campos da atividade humana é de enorme importância, pois todo o trabalho

de investigação de um material linguístico opera com enunciados concretos (escritos e orais). O desconhecimento da natureza do enunciado e a relação com outros gêneros dos discursos redundam em equívocos e na deformação da investigação.

Apoiados na afirmativa anterior, vejamos alguns exemplos de gêneros textuais com a presença de pressupostos e subentendidos, importantes para a plenitude do entendimento dos sentidos dos textos. Destacaremos, em primeiro lugar, algumas sentenças afirmativas:
1. *O menino diabético parou de comer doces*. A informação explícita é a própria afirmativa apresentada na sentença, mas o implícito pressuposto me diz que antes o menino comia doces. Portanto, o verbo PARAR nos dá uma afirmação implícita e verídica. Ninguém poderá negar esta conclusão.
2. Vejamos, agora: *Felizmente, o menino diabético parou de comer doces*. O vocábulo *felizmente* indica que o falante tem uma opinião positiva sobre o fato, e essa é uma informação implícita a partir do entendimento do significado desse advérbio. Essas inferências são fundamentais para os processos de construção de sentidos.

Conclui-se que uma informação é considerada pressuposta quando o enunciado depende dela para fazer sentido. Por exemplo, no questionamento: *Quando o meu pai voltará para casa?* Vê-se que o sentido acontece a partir da premissa de que um dia ele saiu de casa, nem que seja temporariamente. Essa informação é pressuposta. E, ainda, na sentença: *Meu pai ainda não voltou para casa*. Vê-se que a expressão *ainda* indica que o retorno dele é dado como certo.

Como já foi dito, ao contrário das informações pressupostas, os subentendidos não são marcados no próprio enunciado, mas sim sugeridos por insinuações. Aqui, os enunciadores se velam atrás de uma afirmação, pois não querem comprometer-se com ela. Nesse caso, dizemos que os subentendidos são da responsabilidade dos receptores, enquanto os pressupostos são partilhados pelos enunciadores e receptores.

O gênero textual *publicidade em geral* parte de hábitos e pensamentos da sociedade para criar subentendidos, possuindo, também, a presença dos pressupostos. Na maioria das vezes, esse gênero comporta a linguagem mista: verbal e não verbal. As imagens e as palavras bem integradas nos dão pressupostos inegáveis e subentendidos que serão inferidos a partir das experiências dos leitores.

Por sua vez, o *anúncio publicitário* parte de um título que, geralmente, é uma frase curta, atrativa e impactante, para chamar a atenção do leitor, fazendo que ele tenha vontade de ler o restante do anúncio. A imagem é uma das partes mais importantes no ato de produção de sentidos desse tipo de texto misto ou totalmente não verbal, pois se observa que a maioria das pessoas só tem vontade de comprar alguma coisa depois de ver uma imagem bonita do produto. Geralmente, no corpo do texto se fala das qualidades e vantagens com sentenças atraentes e que aludem a pressupostos e subentendidos, ou seja, aos implícitos, com a finalidade de convencer o leitor; daí a constante presença da função conativa da linguagem nesses gêneros textuais.

Sabemos que existem inúmeros anúncios publicitários do leite condensado que é chamado, quase pela totalidade das pessoas, de *Leite Moça*, ou seja, pelo uso da figura de linguagem: a metonímia em que se troca o nome literal do produto pelo título. Como o leite condensado Moça já faz parte do inconsciente coletivo, todos sabem o conteúdo da latinha e, agora, das caixinhas. Vê-se, mais uma vez, a importância do conhecimento de mundo para o ato de interpretar. Desde

1921 essa marca é um sucesso, e o rótulo usado é, quase sempre, o mesmo: uma moça carregando sobre a cabeça o leite condensado, vestindo as mesmas roupas e cores. Até uma pessoa analfabeta identifica a marca pelo rótulo.

Com esse exemplo, pode-se compreender que é possível, por meio do uso da linguagem verbal e não verbal, entender a significação do que está sendo comunicado com base nos contextos em que se encontram os interlocutores.

Os componentes pragmáticos analisados dentro do contexto da semântica assinalam que o locutor ou emissor deseja passar para o receptor, seu interlocutor, algum tipo de mensagem através da linguagem em uso comum aos atores do discurso, e por isso mesmo possuidora de sentidos.

A linguagem, portanto, adquire diferentes significações, dependendo das situações de enunciação (tempo, lugar, espaço, contexto histórico-social do locutor e do interlocutor...), podendo ser implicada pela teoria dos atos de fala.

A *polissemia*, como o próprio nome indica, é a propriedade que uma palavra ou expressão tem de comunicar vários sentidos, além do seu sentido original. Os vocábulos polissêmicos guardam uma relação de sentido entre si, o que os diferenciam das palavras homônimas.

Já os vocábulos *homônimos*, possuem origens e significados distintos, porém com a mesma grafia e fonemas, portanto, apresentam origens diferentes para seus significados. As palavras polissêmicas estabelecem uma conexão entre elas, remetendo a representações mentais que são similares. Por exemplo, anel de saturno com anel de casamento – ambos remetem a uma ideia de objeto circular.

Alguns exemplos clássicos de polissemia, considerados homônimos perfeitos:

MANGA:
1. O fruto da mangueira.
2. Qualquer peça, em forma de tubo, que reveste ou protege outra peça.
3. Parte do vestuário em que se enfia o braço.

VELA:
1. Ato de velar (cuidar).
2. Peça que produz a ignição nos motores de explosão.
3. Peça cilíndrica confeccionada com parafina ou cera de abelha, com um pavio no meio, a qual serve para iluminar ou para nos fazer lembrar da chama da fé que recebemos em nosso Batismo. Também chamada de círio.
4. Peça de lona ou de brim que, ao receber o sopro do vento, impele embarcações: pano.

As palavras polissêmicas pertencem a um mesmo campo semântico, já os vocábulos homônimos não apresentam nenhum tipo de relação entre si. Vejamos alguns exemplos:

SÃO:
1. Sadio.
2. Que tem saúde ou a recuperou.
3. Fruto não apodrecido.
4. Maneira sincopada do vocábulo santo, que é usado antes dos nomes que se iniciam com consoante, como *São Bento, São Bruno, São Tomás, São Francisco, São Bernardo, São João Paulo II...*
5. Verbo SER na terceira pessoa do plural do presente, do modo indicativo. Exemplo: Eles *são* santos.

DÓ:
1. Compaixão. Exemplo: *O enfermo está de dar dó.*
2. Tristeza. Exemplo: *Ela está triste de dó.*
3. Sinal da nota dó na pauta musical.

Com relação às *palavras homônimas*, podemos, ainda, fazer três diferenciações:

a) *Palavras homófonas:* som igual, escrita diferente, significado diferente. Exemplos:
  1. Cheque (ordem de pagamento) – *Passei um* cheque *para pagar o aluguel.*
    Xeque (lance do xadrez) – Deu um *xeque*-mate.
  2. Viagem (substantivo) – Vou fazer uma *viagem* nas férias.
    Viajem (flexão do verbo viajar) – Para que eles *viajem* juntos é preciso planejar.
  3. Concerto (composição sinfônica) – Fomos ao *concerto* da orquestra.
    Conserto (reparo; derivação do verbo consertar) – Fiz o *conserto* da casa.
  4. Ascender (subir, elevar) – Jesus nasceu para *ascender* aos céus.
    Acender (ligar, pôr fogo) – Hoje, vamos *acender* a fogueira de São João.

b) *Palavras homógrafas:* som diferente, escrita igual, significado diferente. Exemplos:
  1. Governo (substantivo) – O governo é feito pelo povo.
    Governo (verbo) – Eu *governo* com segurança.
  2. Lobo (animal) – O *lobo* é feroz.
    Lobo (parte inferior da orelha) – O *lobo* está inflamado.

31

c) *Palavras homônimas perfeitas:* som igual, escrita igual, significado diferente. Exemplos:

1. Cura (verbo) – O médico *cura* as doenças.
   Cura (substantivo) – O *cura* da catedral foi nomeado.
2. Cedo (verbo) – Eu *cedo* em favor do meu pai.
   Cedo (advérbio) – Ele acorda *cedo*.
3. Verão (verbo) – Eles *verão* o dia nascer feliz.
   Verão (substantivo) – O *verão* está chegando.
4. Banco (instituição financeira) – Pus o dinheiro no *banco*.
   Banco (assento) – As freiras se sentaram no *banco* do claustro.[3]

Já os *hiperônimos* e *hipônimos* são fenômenos também estudados pela semântica e que contribuem bastante para a coesão textual, porque são elementos importantes para a retomada das ideias anteriores do texto. Os hiperônimos são palavras de sentido mais genéricos, sendo mais abrangentes que os hipônimos. Por exemplo:

Ferramenta é hiperônimo de *alicate, chave de fenda, serrote...*

Legume é hiperônimo de *batata, cenoura, abobrinha...*

Animais é hiperônimo de *gato, jacaré, coruja...*

Aves é hiperônimo de *pombo, urubu, galinha...*

Galáxia é hiperônimo de *estrelas, planetas, satélites...*

Doença é hiperônimo de *sarampo, gripe, sinusite...*

---

[3] Claustro = lugar reservado para uma comunidade religiosa masculina ou feminina. Jardins de um convento, geralmente, em forma de quadrado ou retângulo, situado no centro do mesmo.

Os hipônimos são palavras que possuem sentidos específicos e características próprias. Exemplos:

Bronquite e câncer são hipônimos de *doença*.

Goiaba e melão são hipônimos de *fruta*.

Amarelo e azul são hipônimos de *cor*.

Avestruz e beija-flor são hipônimos de *ave*.

Bromélias e rosas são hipônimos de *flor*.

Como dissemos, esses fenômenos semânticos são importantes para a coesão textual, sobretudo, no que se refere à retomada do tema e para se evitar as repetições. Exemplos:

1. *Nas férias, plantamos em nosso pomar: maçãs, amoras e uvas. Passamos um bom tempo para degustar estas frutas.*

2. *A doença o impedia de avançar com a leitura do livro. Aquela sinusite fez com que o aluno não cumprisse o prazo para a entrega do seu trabalho.*

Outro fenômeno ligado ao estudo da semântica é a *paráfrase*. Constitui-se de uma nova explicação de determinado texto que visa torná-lo mais inteligível ou sugere um novo enfoque para o seu sentido, ou seja, dizer com outras palavras (de outro modo) algo que foi dito ou escrito. Müller e Viotti (2016, pp. 149-150) dizem:

Chamamos PARÁFRASE à relação de sinonímia entre sentenças. A noção de acarretamento[4] nos dá uma maneira de definir formalmente o conceito de paráfrase, pois, quando duas sentenças são sinônimas, uma acarreta a outra e vice-versa. Vejam o

---

[4] Retomada dos mesmos termos ditos de outra maneira, geralmente, através de hipônimos.

exemplo em (49). Podemos dizer que (49)a acarreta (49)b porque, se é verdade que *João quebrou o vaso*, é verdade que *O vaso foi quebrado por João*. E vice-versa: se *O vaso foi quebrado por João* é verdadeira, então *João quebrou o vaso* é necessariamente verdadeira. Podemos concluir que as duas sentenças são sinônimas ou que 49a é paráfrase de (49)b. Em (50) e (51), temos outros exemplos de paráfrases.

(49)a. O João quebrou o vaso.
b. O vaso foi quebrado pelo João.

(50)a. A Maria é tão inteligente quanto a Joana.
b. A Joana é tão inteligente quanto a Maria.

(51)a. O João tem o livro do Chomsky.
b. O livro do Chomsky é do João.

Em sentido mais abrangente, pode-se dizer que a paráfrase é um redizer de sentenças ou mesmo textos longos e, até mesmo, livros. Esse outro modo de dizer pode deixar a ideia do autor mais clara aos leitores menos experientes. Mas não se pode esquecer que o sentido do texto parafraseado sempre permanece, portanto, é um fenômeno de sinonímia.

A *antonímia* caracteriza-se por ser o contrário da sinonímia, sendo, portanto, a relação que se estabelece entre duas ou mais palavras que apresentam significados diferentes, contrários (são *antônimos*), ou seja, sentidos opostos que se excluem. Alguns exemplos: *bem/mal; dentro/fora; gastar/economizar; alegre/triste; claro/escuro; alto/baixo; gordo/magro; rico/pobre; largo/estreito...*

A *ambiguidade* é uma parte da semântica que estuda aquilo que pode ter mais do que um sentido ou significado, podendo apresentar-se com uma sensação de indecisão, hesitação, imprecisão, incerteza e indeterminação. Encontra-se em palavras, frases, expressões ou sentenças completas. Aplica-se muito bem em textos de teor literário (prosas ou poemas) e, ainda, nos humorísticos, devendo ser evitada nos textos científicos, jornalísticos e religiosos. Também pode apresentar-se como um substantivo que nomeia a falta de clareza em uma expressão. Exemplo: *O padre disse ao sacristão que havia chegado*. Vejamos que aqui há um duplo sentido: quem havia chegado? O padre ou o sacristão? Portanto, uma sentença ambígua.

A ambiguidade poderá ser lexical ou estrutural. A *estrutural* provoca esse fenômeno por causa da posição das palavras em um enunciado, gerando uma má compreensão do seu significado. Exemplo: *Os computadores tornaram-se grandes aliados dos seres humanos, mas esses nem sempre realizam as suas tarefas*. As palavras "esses" e "suas" podem se referir tanto aos computadores quanto aos seres humanos, dificultando, assim, o entendimento pleno da frase e ocasionando a ambiguidade. Portanto, é a *estrutura* de organização da sentença que dificulta a sua total compreensão. Já a ambiguidade *lexical* ocorre quando determinada palavra assume dois ou mais significados, como acontece com a polissemia. Exemplo: *A família, ao chegar ao restaurante, pediu um prato ao garçom*. Esse prato pode referir-se ao objeto onde se põe a comida ou ao tipo de refeição pedida.

A ambiguidade, portanto, é uma figura de palavra ou de construção que deseja sugerir significados diversos a uma mesma mensagem. *Mas todo cuidado é pouco!!!* Embora funcione como um recurso estilístico, ela poderá ser também um vício de linguagem que decorre da má colocação da palavra no segmento linguístico, comprometendo o significado do mesmo.

Para (Müller e Viotti, 2016, p. 152), em:

(64) Os alunos e professores inteligentes participaram do simpósio.

Essa sentença pode ser usada para afirmar que tanto os alunos como os professores que participaram do simpósio eram inteligentes, como pode ser usada para afirmar que todos os alunos participaram do simpósio, mas, entre os professores, apenas os inteligentes participaram. As diferentes interpretações se devem a diferentes combinações possíveis entre o adjetivo *inteligente* e os substantivos *alunos* e *professores*. As duas estruturas estão expressas em (65).

(65)a. [(os alunos e os professores) inteligentes] participaram do simpósio. b. [(os alunos) e (os professores inteligentes)] participaram do simpósio.

E, assim, fica claro que o fenômeno da ambiguidade gera duplo sentido e poderá modificar a interpretação dos textos e das sentenças.

A *metáfora* é uma figura de linguagem em que se utiliza uma palavra ou expressão em um sentido que não é muito comum, revelando uma relação de semelhança entre os dois termos. Na língua grega a expressão *metaphorá* significa *mudança* e *transposição*. É, portanto, uma comparação de palavras, em que um termo substitui outro. Por exemplo, a respeito de uma pessoa que malha firme, diariamente, numa academia de ginástica, pode-se dizer: *Esse meu colega é um touro*, isto porque tem força, levanta ou transporta objetos pesados sem muita dificuldade, e não obrigatoriamente que ele seja parecido, tenha feições do animal "touro". Aqui se observa uma *comparação* da força do animal com a do homem, portanto, nessa metáfora temos uma *analogia*, porque a substituição do termo ocorre através de uma relação analógica (comparativa). Para que a analogia possa ocorrer, devem existir elementos semânticos semelhantes entre os dois termos em questão.

A metáfora é muito utilizada em nosso cotidiano e é importante nos processos comunicativos. Quando as pessoas não querem revelar, realmente, o que sentem, fazem uso das metáforas para que o seu verdadeiro sentido fique subentendido. Muitas vezes usam expressões exageradas, chamadas *hipérbole,* ou vocábulos que amenizam, suavizam determinada situação dolorosa, nesse caso trata-se de um *eufemismo.* Alguns exemplos:

1. Ele ficou tão alegre por ter sido aprovado no concurso, que chorou um *rio de lágrimas* (hipérbole, para dizer que *chorou abundantemente*).

2. Hoje, meu amigo *partiu para junto de Deus* (eufemismo, para amenizar a expressão: *morreu*).

3. Eu estou sempre dando *murro em ponta de faca* (ou seja, *errando constantemente*).

4. Em um estádio de futebol, sempre, encontra-se um lindo *tapete verde* (referindo-se ao *gramado*).

A metáfora tem sido vista, pela tradição, como a forma mais importante de linguagem figurativa e atinge o seu maior uso na linguagem literária e poética. Segundo Cançado (2013, p. 129):

Existem muitas explicações de como as metáforas funcionam, mas a ideia mais comum é que a metáfora é uma comparação na qual há uma identificação de semelhança e transferência dessas semelhanças de um conceito para o outro. [...]. Na literatura sobre metáfora, existem duas posições teóricas de mais destaque. Uma primeira, chamada de abordagem clássica, datada dos escritos de Aristóteles sobre metáforas. Nessa perspectiva, a metáfora é vista como uma adição à linguagem ordinária, ou seja, é vista como um instrumento retórico, usado algumas vezes para se obterem efeitos de sentido. Essa abordagem é encontrada, geralmente, em teorias formais da linguagem. [...]. Uma segunda posição, contrária à clássica, é a abordagem chamada romântica, porque é datada dos séculos XVIII e XIX, época do Romantismo. Nessa perspectiva, a metáfora é vista como sendo integrada à linguagem e como uma maneira de se experienciar o mundo. A metáfora é uma evidência do papel da imaginação em conceituar e raciocinar sobre o mundo, e essa posição tem como consequência a afirmação de que toda linguagem é metafórica, não existindo diferença entre linguagem literal e figurativa.

Tendo por base essa diferenciação da autora Márcia Cançado, podemos dizer que a semântica hodierna apoia-se nesta segunda perspectiva do Romantismo, mas com ressalvas, ou seja, assume uma posição menos radical, pois a linguagem seria totalmente metafórica, no entanto, ela perpassa os falares e o pensar dos seres humanos com relação ao mundo e seus contextos. O fato é que estamos usando metáforas em nosso cotidiano e os interlocutores as interpretam conforme suas experiências, dotando, assim, de sentidos as sentenças e textos.

Conclui-se que a metáfora consiste em retirar uma palavra do seu contexto convencional (denotativo) e transportá-la para um novo campo de significação (conotativa), através de uma comparação implícita, por uma similaridade existente entre as duas. Gramaticalmente, ela é tratada como uma figura de linguagem ou de palavra. Vejamos mais alguns exemplos:

1. Brasília fica no *coração do Brasil*.
2. Encontramos a *chave do problema*.
3. Resolvemos o *nó da questão*.
4. O dia estava *alegre*.
5. O *furacão* vinha *furioso*.
6. A *cruz* pode enfrentar a *espada*.
7. O *doce* sabor da *liberdade*.
8. Eu queria pintar a Igreja com uma *cor* mais *quente*.
9. O *pé da mesa* se quebrou.
10. Mastiga um *dente de alho* para ficar bom da garganta.

Nos exemplos (1), (2), (3), (9) e (10), temos o tipo de metáfora que chamamos de *catacrese*, constituindo-se de uma variedade natural da língua, de emprego corrente, que serve para suprir a inexistência de um nome específico para determinada coisa. Já em (4) e (5), temos o fenômeno da *personificação* ou *prosopopeia*, o qual atribui ações, qualidades ou sentimentos próprios do ser humano a seres inanimados. O exemplo (6), chamamos de *símbolo*, pois o nome de um ser ou coisa concreta (cruz e espada) assume um valor convencional ou abstrato, no caso, a cruz significa o Cristianismo que tem o poder contra o mal, representado pela espada e, ainda, nos números (7) e (8) temos o fenômeno da *sinestesia*, que é um tipo de metáfora que se fundamenta nas sensações dos sentidos, no exemplo (7) o paladar (doce) e no (8) o tato.

Continuemos, ainda, com mais exemplos de metáforas que, como vimos, também são chamadas de figuras de linguagem ou de palavras e, até mesmo, de estilo. A *anáfora* se constitui da repetição de palavras, como veremos posteriormente ao estudarmos as questões de pragmática linguística, como, por exemplo: Ele *estuda,* ele *trabalha,* ele *é pai,* ele *é tudo.* Já a *antonomásia* é a substituição do nome próprio por qualidade ou característica que o distinga. É o que chamamos de apelido, como, por exemplo: o *Velho Guerreiro* (Chacrinha); a *Sapoti* (cantora Ângela Maria)... A *antítese* caracteriza-se por palavras e expressões de sentidos opostos, como, por exemplo: *os* bons *e os* maus *convivem em um mesmo espaço;* é uma espécie de antonímia, um paradoxo, uma dialética. Já o *assíndeto* é a ausência da conjunção aditiva, geralmente (e), entre palavras da frase ou orações de um período. Vejamos:

(1) *Estudei, formei-me, trabalhei;* ao invés de: *Estudei, formei-me e trabalhei;* (2) Acabei a aula, fui *almoçar,* em vez de: *Acabei a aula e fui almoçar.* A *comparação* ou *símile* é a aproximação de dois elementos, para realçar sua semelhança, como os conectivos comparativos: como, feito, tal qual... Exemplo: *O garoto tinha uma força* tal qual *a do touro.* A *elipse* ocorre quando há uma omissão de palavras ou orações que ficam subentendidas, como em: *Marcos trabalhou o dia todo e seu irmão, apenas pela manhã.* A elipse do verbo trabalhar, para evitar a substituição, é marcada pela vírgula. A *metonímia* faz uso de uma palavra em lugar de outra que tem com ela alguma proximidade de sentido. Aqui podemos ter vários exemplos:

a) O autor pela obra: *Gosto de ler Clarice Lispector.*

b) A marca pelo produto: *Tomei toda a Pitu[5] na festa do casamento de meu filho,* ou ainda: *Comprei um pacote de Bombril.* (Bombril e Pitu são marcas; os produtos são a esponja de aço e a cachaça.)

c) O lugar pelo produto feito no lugar: *O Porto é o mais vendido naquela loja.* (Subentende-se o lugar, a cidade do Porto, em Portugal, onde esse vinho é fabricado.)

d) A parte pelo todo: *Pedi a* mão *da minha noiva em casamento,* ou ainda: *Deixei três* telhados *para os meus filhos* (significando três moradas: apartamento ou casa).

As *onomatopeias* se identificam pelos vocábulos que imitam sons ou ruídos, por exemplo: (1) *O* tique-taque *do relógio é muito alto*; (2) *O* miau *do gato é estridente.* Já o *pleonasmo* ou a *redundância* é a repetição da mesma ideia com o objetivo de realce. A redundância poderá ser positiva ou negativa. Por exemplo, quando ela é proposital, usada como recurso expressivo, só enriquecerá o texto: *Posso dizer que ministrei a aula,* eu mesmo *utilizando recursos tecnológicos.* Já quando a repetição é inconsciente, é chamada de pleonasmo vicioso e só empobrece o texto, sendo considerado, ainda, um vício de linguagem. Exemplos:

1. Subi para cima *do primeiro andar.*
2. Desci para baixo *com pressa.*
3. Reli de novo *o texto.*
4. Observei *os* mínimos detalhes.
5. *O filme foi baseado em* fatos verídicos.
6. Seguem em anexo *as propostas.*

---
[5] Pitu é a marca de uma cachaça pernambucana.

7. Entrei para dentro *com medo da chuva*.
8. A hemorragia de sangue *foi grande*.
9. A monocultura exclusiva *do açúcar é própria do estado de Pernambuco*.
10. *As crianças* bateram palmas com as mãos.
11. *O mendigo já nasceu* cego dos olhos *e por isso* não enxerga.
12. *O malandro chegou todo sorridente com o* chapéu na cabeça.

O *polissíndeto* é, justamente, o oposto do assíndeto, pois é, sobretudo, a repetição da conjunção aditiva (e), também com finalidade de realce, se for um texto poético (literário). Nos textos científicos, é melhor evitá-lo, a não ser que se esteja tratando desse assunto. Exemplo: *Dormiu* e *acordou* e *tomou banho* e *saiu logo de casa para o trabalho*.

Eis aqui os exemplos de figuras de linguagem ou de palavras, como também de construções que são abundantemente utilizadas em nosso cotidiano e que influenciam, diretamente, na criação de sentido dos textos.

Até aqui, podemos dizer que nos referimos a dois tipos de semântica: a lexical e a formal. *A semântica lexical* é aquela que se refere aos vocábulos, ou seja, às palavras que constituem uma determinada língua com seus sentidos denotativos (referenciais), não figurativos. Aqui, também, vislumbramos o que a linguística chama de campo semântico ou campo lexical, formado pelas palavras que derivam do mesmo radical, por exemplo, da palavra *pedra*, temos como derivados: pedreira, pedregulho, pedraria, pedrinha... *Campo lexical* corresponde, ainda, às palavras que pertencem à mesma área do conhecimento, como:

a) Escola: aluno, professor, aula, livro, material escolar, notas, seminários...

b) Mar: oceano, algas marinhas, marinheiro, navio, cruzeiros turísticos, baleias...

c) Bíblia: mandamentos, salmos, evangelhos, parábolas, epístolas, discípulos, céu, inferno, amor ao próximo...

Já o *campo semântico* é o conjunto dos significados, dos conceitos que a palavra possui, ou seja, um mesmo termo pode ter vários sentidos que são escolhidos conforme o contexto abordado. Vejamos alguns exemplos de campo semântico:

a) *Levar:* transportar, carregar, retirar, passar...

b) *Natureza:* seres do universo, espécie, qualidade, temperamento...

c) *Breve:* de pouca duração, ligeiro, resumido...

Dentro da semântica lexical refletimos: a polissemia; os homônimos (homófonos, homógrafos e perfeitos); os hiperônimos e hipônimos e a antonímia.

A *semântica formal* caracteriza-se pelas várias possibilidades de investigação dos significados; as relações existentes entre as expressões linguísticas com o mundo. Para as autoras citadas anteriormente, Müller e Viotti (2016, pp. 153-154):

> A semântica formal considera como uma propriedade central das línguas humanas o *ser sobre* algo, isto é, o fato de que as línguas naturais são utilizadas para estabelecermos uma referencialidade, para falarmos sobre objetos, indivíduos, fatos, eventos, propriedades..., descritos como externos à própria língua. Assim, a referencialidade é tomada como uma das propriedades fundamentais das línguas humanas. Por essa razão, na semân-

tica formal, o significado é entendido como uma relação entre a linguagem, por um lado, e, por outro, aquilo sobre o qual a linguagem fala. Esse "mundo" sobre o qual falamos quando usamos a linguagem pode ser tomado como o mundo real, parte dele ou mesmo outros mundos ficcionais ou hipotéticos. [...]. A semântica formal, portanto, se apoia no fato de que, se não conhecemos as condições nas quais uma sentença é verdadeira, não conhecemos o seu significado. Ela afirma que o significado de uma sentença é o tipo de situação que ela descreve e que a descrição dessas situações possíveis é equivalente às condições de verdade da sentença. [...]. Uma outra propriedade central das línguas naturais é a sua produtividade. As línguas naturais nos permitem produzir e compreender constantemente significados novos. E isso não só pela flexibilidade na criação de palavras novas, mas principalmente porque elas nos permitem produzir e compreender sentenças completamente novas. Isso é possível porque a partir do significado dos itens lexicais e da maneira como eles se compõem derivamos o significado das unidades complexas. Ou seja, cada parte de uma sentença contribui de forma sistemática para o seu significado. Em outros termos, cada parte de uma sentença contribui para as suas condições de verdade.

Foi a partir dessa clara explicação que estudamos, dentro dos conteúdos da semântica formal, a paráfrase, a ambiguidade e as metáforas.

A escolha vocabular na produção dos sentidos dos textos

A escolha certa do vocabulário, o tipo e gênero de texto que desejamos produzir podem facilitar o entendimento daquilo que queremos dizer. Essas escolhas são feitas a partir do princípio da relevância. Em determinados textos, como, por exemplo, os de humor, a seleção é importante para que se produza o efeito de engraçado, provoque o riso.

A propaganda, por sua vez, deseja vender a imagem e, por isso, faz uso da linguagem conativa, aquela que tem por objetivo convencer. Já os textos científicos ou informativos deverão ser claros e evitar as ambiguidades, a fim de que não fique dúvida sobre o que se está querendo comunicar.

Quatro elementos são fundamentais para o entendimento dos sentidos dos textos. São eles: o *conhecimento linguístico*, que nos leva a reconhecer as estruturas fonético-fonológicas, morfológicas e sintáticas dos textos, ou seja, aquilo que foi dito ou escrito, o próprio enunciado; o *conhecimento de mundo*, como sendo as experiências vividas dos leitores, as quais vão influenciar diretamente na interpretação; o *conhecimento da textualidade*, que, no dizer de Michel Foucauld (que trata da arqueologia do discurso), é tudo que rodeia o autor no momento de suas produções textuais orais ou escritas. É o que chamamos de enunciação. Aqui, são os leitores que dialogam e dão significados aos textos, podendo concordar ou discordar das teses. Conhecer a textualidade é, também, entender os processos de paragrafação, o tópico frasal, como também as ideias conclusivas, sem fugas do tema proposto. E, por fim, o *conhecimento pragmático-contextual*, que é muito importante, pois, entendendo os contextos de produção e de recepção dos textos, somos levados à compreensão plena da mensagem que veiculam. Por exemplo, se um estrangeiro ler em um *outdoor* no estado de Pernambuco: *O Carnaval de Olinda e Recife é* maravilhoso, *começa com Galo e acaba com Batata*; ele não entenderá totalmente a mensagem que está sendo veiculada, porque lhe faltará conhecimento de mundo para inferir que este Carnaval começa com um bloco chamado Galo da Madrugada, em Recife, e acaba com outro chamado Bacalhau do Batata, em Olinda. Outro exemplo muito usual que observamos nas propagandas de televisão: *Passa Gelol que passa*. Por conhecermos o produto Gelol, podemos concluir que o que passa é a dor. E, desse modo, o conhecimento de mundo e os outros tipos de conhecer vão contribuindo na produção dos sentidos dos textos. Lira (2012, pp. 37-38) nos diz:

> Podem ajudar na construção de sentidos: a seleção dos vocábulos que pertencem ao mesmo campo semântico: mar, oceano, ilha, península, arquipélago... A coesão feita através de sinônimos, antônimos, hiperônimos, partonímias, ou mesmo pela substituição anafórica ou catafórica dos referentes. Vejamos, portanto, o exemplo: *Aquele padre havia sido nomeado para a paróquia. Instalou-se na Casa Paroquial que lhe estava destinada e, imediatamente, a velha governanta veio se queixar dos problemas que a casa tinha. "Seu teto está com goteiras, padre. Seu fogão está velhíssimo e sua geladeira não funciona. Sua televisão está sem som... e por aí afora". "Minha filha", respondeu o padre, "esta casa não é só minha, é sua também, na verdade é de todos os nossos paroquianos... Por que você não diz 'nosso teto', 'nossa televisão'?" Passaram-se algumas semanas, e um dia o bispo veio visitar o padre. Estavam os dois conversando muito sossegados, quando a governanta entra de repente na sala e declara: "Padre, tem um rato no nosso quarto, debaixo da nossa cama".*[6] No texto anterior, os pronomes possessivos funcionam como marcadores linguístico-gramaticais, fazendo com que aparecesse o duplo sentido. Descobrindo os recursos linguísticos, chegamos às intenções ex-

---

[6] Revista *Seleções*, julho de 1989.

pressivo-comunicativas. É, portanto, o emprego constante dos possessivos que costura o texto da piada. Tendo faltado, ainda, o contexto de fala anterior para que o bispo entendesse, sem ambiguidades, a intervenção da governanta.

A produção de sentidos se dá através de análise de qualquer segmento, sempre em função dos significados, da compreensão, da coerência e da interpretação. Por isso, no *plano discursivo*, deve-se considerar o tipo e o gênero; as funções sociais dos textos e seus portadores; o tema central; o objetivo ou a pretensão do autor; as representações, as visões de mundo, as crenças, os valores que o texto deixa passar explícita ou implicitamente; o grau de envolvimento afetivo e pessoal do autor; o nível de maior ou menor formalidade da língua (adequação linguística); o local onde vai circular o texto. No *plano textual*, deve merecer atenção: as regularidades dos vários gêneros; a manutenção do tema e a sua progressão; os recursos léxico-gramaticais da coesão; as associações semânticas entre os vocábulos; os sequenciadores (*primeiro, em seguida, posteriormente, finalmente ou para concluir*...); atenção especial para os efeitos de sentido pretendidos: grau de novidade da informação, presença da intertextualidade, ironia, refutação, humor e, ainda, os recursos sintático-semânticos para atingir os efeitos desejados: repetição, substituição, inversão, presença da linguagem figurada, deslocamento dos termos (hipérbatos). No *plano linguístico* podem-se vislumbrar dois momentos: um no *âmbito da semântica* e outro no *plano da morfossintaxe*. O primeiro se refere às ambiguidades e imprecisões de ordem lexical, informações implícitas, pressupostos e subentendidos.

Quando tenta descrever a questão da significação na linguagem verbal, Ducrot (1997) isola dois grandes conjuntos de conhecimentos: o *componente linguístico*, que tem como função descrever as significações dos enunciados, sendo elas independentes do seu contexto de ocorrência, e o *componente retórico*, que se ocupa da descrição dos sentidos veiculados pelos enunciados a partir de seu enquadramento em um contexto específico da interação verbal; os subentendidos localizam-se nesse nível. Assim, podemos dizer que os vocábulos já possuem sentidos preestabelecidos pela língua, e pertencem ao componente linguístico. Logo, tanto os significados literais quantos os não literais que têm os valores inscritos no próprio léxico pertencem também a esse componente. Assim, grande parte das palavras existentes em nossa língua é carregada de significações implícitas, independentemente das condições em que forem empregadas. Essas significações, como visto antes, são chamadas de pressupostos ou subentendidos, porque se distinguem da significação literal, ou seja, daquilo que está posto. Exemplo: *Tratei-me em um hospital público e mesmo assim fiquei recuperado* (pressupõe-se que os hospitais públicos não inspiram confiança).

Segundo Coutinho (2008), o componente retórico recebe o nome de subentendidos, pois são insinuações escondidas. Elas são percebidas pela reflexão ou interpretação do leitor/ ouvinte. Essa autora ainda nos informa:

> Além da ausência de marcas linguísticas, o subentendido difere-se dos pressupostos em outros aspectos: o pressuposto é um dado posto que não aceita contestação por parte do locutor e muito menos do ouvinte; o subentendido é de responsabilidade do ouvinte, pois o locutor nega a sua autoria escondendo-se por

trás do sentido literal das palavras. Assim, o subentendido protege o locutor das consequências de proferir uma informação que pode comprometê-lo. Pois ele poderá transmiti-la sem que recaia sobre si qualquer responsabilidade (p. 46).

Já no *plano da morfossintaxe* é importante observar: a presença do discurso direto e indireto, a correspondência entre as formas pronominais e as pessoas discursivas, a coerência e a relevância dos textos que deverão sempre levar em conta os interlocutores.

É importante salientar que a leitura significativa supõe que o leitor relacione o que lê com o que já leu (conhecimentos prévios), para poder encontrar e gerar significado.

Com relação ao ensino, para Demo (2009, pp. 73-74):

Em grande parte, não é que os alunos não queiram ler nada. Não leem o que queremos. Não é que não tenham motivação alguma. Têm outras e as ignoramos. Exemplo clamoroso é a poesia, que Lajolo[7] ilustra com o poema de Cecília Meireles "O vestido de Laura", tratado canhestramente por uma professora que, visivelmente, nunca entendeu o texto. Ao final da leitura em classe, oferece exercícios que passam ao largo da mensagem central *sobre a efemeridade das coisas,*[8] perdendo-se não só o que há de poético no texto, mas principalmente a moral da história. "Como os contatos mais sistemáticos que as crianças têm com a poesia são mediados pela escola (e não se tem como fugir a isso), e como é frequente que os textos mesmo bons sejam seguidos de maus exercícios, é bem provável que a escola esteja, se não desensinando, ao menos prestando um desserviço à

---

[7] Jornal de Poesia – João Cabral de Melo Neto. Disponível em: <http://jornaldepoesia.jor.br/joao02.html>. Acesso em: 06.02.19.

[8] Grifo nosso.

poesia" (2005, p. 51). Neste país, na verdade, só gosta de livros quem nasce com eles. Se esperar pela escola, pode chegar a detestá-los ainda mais. É preciso tecer a leitura, até que o texto é tecido. Vejamos o poema de J. C. de Melo Neto:

Um galo sozinho não tece uma manhã;
Ele precisará sempre de outros galos.
De um que apanhe esse grito que lê
E o lance a outro;
De um outro galo
Que apanhe o grito que um galo antes
E o lance a outro
E de outros galos
Que com muitos outros galos se cruzem
Os fios de sol de seus gritos de galo,
Para que a manhã, desde uma teia tênue,
Se vá tecendo, entre todos os *galos*[9] (2005, p. 104).

Aí está a bela concepção de leitura, o eco dos galos que tecem a manhã. Evoca-se o *tecido de significados*[10] que a leitura propicia ao longo da vida. A boa leitura tem algo de artesanato, solidariedade e diálogo, além da interação igualitária própria da sociedade democrática.

Como vemos, faz-se necessário que os leitores maduros convivam com livros desde a infância e que a escola respeite as escolhas dos alunos, e, também, que crie exercícios inteligentes e funcionais que os levem ao aprofundamento do texto e a sua aplicação significativa no cotidiano.

---

[9] Destaque nosso.
[10] Grifo nosso.

No próximo capítulo, estudaremos a pragmática como um ramo de fundamental importância para os estudos da linguística moderna, visto preocupar-se com a língua em uso e seus contextos de produção.

2

Pragmática
Situações de fala e efeitos intencionais

A *pragmática*, como anunciamos, no final do capítulo anterior, estuda os contextos de uso dos vocábulos no momento do discurso, ou seja, durante o processo de enunciação. Por sua vez, o entendimento levará também em conta os contextos dos ouvintes ou leitores: momentos de produção da fala; seus efeitos intencionais; destinatários; o que e para que dizer. Partindo do princípio comum de que a comunicação somente é relevante quando há um equilíbrio entre as informações de algum modo conhecidas pelos interlocutores e as novas, um número considerável de teorias linguísticas tem sido levantado na tentativa de explicar como isso acontece. Essas duas abordagens de bases pragmáticas são importantes dentro dos processos comunicativos. É o que Bougrande e Dresller afirmam com relação ao fator da textualidade que chamam de *informatividade*, ou seja, um elemento *dado* (conhecimentos compartilhados) e um *novo* que se agregarão como um saber diferente daquele que já se tem como prévio.

Nas reflexões sobre a pragmática, faz-se necessário o entendimento da *dêixis*, que seria a identificação de pessoas, objetos, lugares, tempos etc. relativos a um centro de orientação, constituindo-se, tipicamente, da situação de enunciação (momento da produção do discurso). A dêixis trata das maneiras como línguas codificam ou gramaticalizam aspectos do contexto da enunciação nos momentos ou eventos de fala. A interpretação das expressões dêiticas vai depender do contexto de produção. Por exemplo, na sentença: *O diretor presidirá aqui a reunião, hoje, com os professores*. A pessoa representada pela palavra "diretor"; o local representado por "aqui"; o dia representado por "hoje" e os participantes da reunião representados pelos "professores" são exemplos de dêixis. No sintagma verbal: *Reuniremo-nos, amanhã*, a conjugação do verbo indica um tempo futuro e um conjunto de pessoas que se vão reunir. Suas identidades dependerão do contexto da reunião. As palavras que manifestam a dêixis são chamadas de *dêiticos*. Na nossa língua, os dêiticos incluem os pronomes como: *eu, lhe, isto, este...*; os artigos: *o, as; a...* a grande maioria dos advérbios de lugar e tempo: *hoje, logo, imediatamente, aqui, longe, perto*; como também as *terminações verbais*.

Em um discurso, a dêixis de uma palavra pode ser classificada de acordo como ela aparece no contexto linguístico, que, de certo modo, liga-se ao de mundo. Na *dêixis ad óculos*, o dêitico representa um elemento que é conhecido pelos interlocutores e independe do discurso. Exemplo: *Preferimos isto àquilo*. Os vocábulos "isto" e "aquilo" podem ser objetos ou fatos visíveis ao falante e ao ouvinte, sendo identificados por gestos do falante (elemento paralinguístico) ou pelas distâncias relativas entre os dois. Na *dêixis anafórica*,[11] o dêitico representa algo previamente mencionado no discurso (um referente) que o ouvinte ou o leitor poderá identificar levan-

---

[11] Anáfora é uma palavra de origem grega que significa repetição.

do em conta restrições gramaticais (gênero e número), estrutura gramatical do discurso, proximidade temporal, a lógica e o bom senso. Exemplo, na frase: *Comprei um apartamento no Recife, mas o vendi um ano depois*. O pronome oblíquo "o" substitui, anaforicamente, a palavra *apartamento*.

Chamamos, também, este fenômeno de coesão referencial anafórica. Na *dêixis catafórica*,[12] o dêitico representa uma identidade que não foi mencionada antes, e, apenas, identifica-se no prosseguimento do discurso. Vejamos o exemplo: *Eu quero este, pois foi o brinquedo que mais me agradou*. O referente é *brinquedo*, mas só aparece posterior ao dêitico *este*. Tal processo é, também, chamado de coesão textual catafórica.

Além da dêixis, a pragmática também se preocupa com a teoria dos atos de fala no momento da produção do discurso, com os princípios da interação conversacional da língua em uso (aqui, respeita-se a variação linguística em todos os seus níveis, sobretudo quando se trata de oralidade), com a adequação linguística (contextos de usos: tese de doutorado, piada, prova, conversa informal...), com os efeitos situacionais nas situações de fala. Tudo isso interfere na inteligibilidade da comunicação e, bem compreendido, os ruídos desaparecem ou se tornam minimizados.

O princípio comunicativo da relevância também é fundamental quando se trata de questões relativas à pragmática linguística. Essa conceituação parte de uma propriedade básica da cognição humana, a de que, na maioria das vezes, detemos a nossa atenção apenas nos fenômenos e estímulos que nos parecem relevantes, buscando alcançar a relevância

---

[12] Catáfora refere-se àquilo que será anunciado adiante.

máxima de uma informação, os maiores benefícios cognitivos. O estímulo ostensivo e intencional deverá ser relevante o suficiente para atrair a atenção do leitor/ouvinte; a intenção do comunicador se faz revelada e desencadeia um processo inferencial no destinatário. Segundo Silveira (2017, pp. 77-78):

> O Princípio da Relevância tem potencial para explicar de que forma, entre tantas interpretações pragmáticas compatíveis com a decodificação linguística de um enunciado, uma é selecionada no processo de compreensão. Inato à cognição humana, ele parece ser determinante na explicação da universalidade dos processos inferenciais, pois governa o comportamento ostensivo e intencional do comunicador, possibilitando, ao operar na seleção das suposições do contexto para a interpretação, que o destinatário chegue à informação pretendida com o mínimo custo possível. Esse Princípio tem, assim, o propósito de explicar a comunicação inferencial como um todo, explícito e implícito. É aplicado sem exceção, em todo ato de comunicação ostensiva. Tal posicionamento resulta do argumento de que o modo pelo qual a linguagem é interpretada é amplamente universal, pois segue a mesma lógica. Embora suposições de *background* possam variar, já que o conhecimento de mundo difere entre os indivíduos, as estratégias inferenciais permanecem as mesmas. Ou seja, os mecanismos de natureza dedutiva possibilitam a leitores/ouvintes distintos construir premissas determinadas pela relação entre código linguístico, informações contextuais e habilidades cognitivas, que levam a conclusões ou hipóteses interpretativas no processo de compreensão.

Como vemos, o princípio da relevância é um elemento de importância nos estudos da pragmática, pois, sobretudo no ato intencional e na comunicação ostensiva, se faz chegar às diversas interpretações contextuais que respeitam as vivências linguísticas e de mundo dos ouvintes/leitores. E é nesse sentido dedutivo, a partir de informações armazenadas, que esse modelo constitui as fontes de informação responsáveis pelas suposições que são construídas ao longo do processo comunicativo.

A pragmática linguística é, portanto, o modelo global de inteligibilidade do fenômeno da linguagem verbal; com contornos marcadamente sociocomunicativos. Nesse caso, a linguagem não está só no nível mental, mas é um instrumento de ação e forma de comportamento. Assim, deixa de ser pertinente tomá-la como uma entidade abstrata e neutra, através de fórmulas prontas, classificadas e normatizadas. Sendo um instrumento decisivo da interação social, aparece nesse paradigma pragmático como realidade indissociável da práxis humana, sendo esta mesma práxis que a institui e a legitima enquanto objeto do conhecimento.

Foi o filósofo Wittgenstein o primeiro a indicar que a gênese da pragmática linguística parte de três dimensões: sintática, semântica e pragmática, sendo estas duas últimas mais contextuais e interessantes para as reflexões da língua em uso. A linguagem é um fenômeno social com funções sociocomunicativas que determinam a sua própria estrutura. O discurso, enquanto produto de um ato de enunciação e instrumento de mediação entre os seres humanos, aparece claramente como objeto central de análise. É pelo discurso que se constrói a significação, num processo dialógico e interativo que convoca todo o universo de conhecimentos, crenças e valores dos interlocutores, suas experiências e expectativas. Os discursos, portanto, não podem ser desligados

dos contextos sociais que presidem a sua produção e recepção. Lopes (2017, p. 3) nos diz que

> Jogos de linguagem emergentes num determinado quadro social, os discursos são largamente condicionados pelos contextos institucionais e situacionais em que se desenrolam, sendo os interlocutores agentes posicionados numa conjuntura sócio-histórica. Ao valorizar a dimensão discursiva da linguagem, este paradigma reconstrói/problematiza também a própria noção de significação, recusando o determinismo absoluto do código e evidenciando o papel ativo do ouvinte/leitor no processo de construção da interpretação do discurso. Neste processo são relevantes as dimensões implícitas da significação, calculadas inferencialmente, bem como os significados de natureza acional vinculados às convenções sociais que presidem a língua. Assim, é a atividade verbal em situação de uso que interliga as diferentes linhas de investigação em Pragmática Linguística, do estudo da dêixis à análise dos diferentes suportes linguísticos dos atos ilocutórios, passando pela reflexão sobre os processos inferenciais que nos permitem calcular níveis implícitos e indiretos de significação e pela explicitação dos mecanismos que a nível micro e macroestrutural constroem a coesão/coerência de um texto.

Vemos aqui com que lucidez a autora apresenta o verdadeiro sentido da pragmática linguística: importância da língua em uso; dos textos reais; da dêixis, como também dos suportes que portam os diversos gêneros discursivos. Tudo dentro de um contexto situado temporal e espacialmente, sendo influenciado, no que se refere às suas significações, pelas experiências leitoras e de mundo dos interlocutores, ou seja, seus conhecimentos prévios e compartilhados.

Na perspectiva do ensino de Língua Portuguesa, a pragmática linguística deverá apoiar-se nos textos que circulam socialmente em seus vários tipos, gêneros, suporte e nas diversas funções da linguagem, sempre levando em consideração o contexto histórico de produção. Com certeza, ensinar a ler e escrever implica levar os estudantes a manipularem de forma eficaz estruturas léxico-gramaticais que asseguram simultaneamente a continuidade temática e a progressão informativa de um texto. Daí ser necessário que o professor faça um trabalho prévio de sistematização sobre os mecanismos que garantem a coesão textual, ou seja, cadeias de referência, substituições lexicais por palavras sinônimas, hiperonímias ou hiponímias. A utilização dos tempos verbais e o uso adequado dos conectivos também são importantes. Esses processos possibilitam as conexões semânticas no plano microtextual, que, por sua vez, desenvolve-se tendo em conta a sintaxe global do texto: tipologias – narrativas, descritivas, argumentativas, textos escolares e extraescolares... A escola também deve ensinar a adequação linguística com relação aos interlocutores, escolhendo registros próprios e distintos para os diversos graus de formalidade e levando em conta os traços prosódicos e lexicais dos atos de fala. É necessário, portanto, uma formação científica bem sólida dos professores de língua materna, a fim de que possam conduzir práticas pedagógicas que promovam um verdadeiro crescimento linguístico dos estudantes (usuários da língua).

Outro elemento importante para os processos de compreensão e interpretação dos textos a partir da pragmática linguística é a ideia de *frames* como blocos de conhecimentos que se vão armazenando na cognição, constituindo-se de sistemas conceituais sobre determinados temas que, na atividade leitora, são acionados, intimamente ligados a processos interpretativos, sempre com alguma característica de subjetividade. Os *frames* são de grande importância para as interpretações dos textos, pois constituem os núcleos de base que levam às outras unidades de um mesmo campo semântico, fazendo com que a interpretação tenha fluidez. À luz da pragmática linguística, vejamos o texto: "O show", citado na obra dos professores Koch e Travaglia (2004, pp. 10-11):

O cartaz
O desejo

O pai
O dinheiro
O ingresso

O dia
A preparação
A ida
O estádio
A multidão
A expectativa

A música
A vibração
A participação

O fim
A volta
O vazio.

O texto é todo montado com implícitos, mas, pelo conhecimento de mundo, eles são inferidos e, mesmo sem elementos de coesão, tornou-se coerente por possuir uma unidade de sentido feita através da escolha vocabular e da maneira formal de se arrumar os vocábulos em sua estrutura interna. Os receptores ativam na memória os conhecimentos prévios, passando a dar sentido ao todo do texto. Comprova-se, aqui, a importância das situações históricas dos receptores para o entendimento da lógica do texto, e essas situações são estudadas e trazidas para o hoje interpretativo através da pragmática.

Lira (2010, p. 155) apresenta um dos textos[13] que usou na pesquisa em que trabalhou os elementos interpretativos a partir do lugar social de três sujeitos: uma estagiária de Pedagogia (sujeito 1), uma professora de Língua Portuguesa (sujeito 2) e um professor de Matemática (sujeito 3). Observou que o mesmo texto foi interpretado, com coerência, mas de maneira diversa, por cada sujeito, isto devido às diferentes experiências contextuais de cada um deles. Eis o texto:

Texto literário de Fernão Lopes

É lá
Lá naquela ilha de três cômoros, bem na
hora da barra, onde começa o parcel da
Badarra e acaba o banco das Palmas.
Lá vive Ana das Almas, sozinha faz tempo
com o filho pequeno chamado Menino
Magrinho, ligeiro, sempre pulando na pedra e brincando

---

[13] FARACO, Carlos Alberto; TEZZA, Cristóvão. *Prática de texto. Para estudantes universitários.* 13. ed. Petrópolis (RJ): Vozes, 1992.

de pássaro no meio das gaivotas e tesoureiros
Noite q'nem esta de Lua, vazante
parando coa brisa no fim da maré

Mãe e filho vão para enseada
Quietos se agacham na escuta e na espera
Ele das águas
Ela das almas
É ali, na sombra da Ilha do Vento, que sempre
se juntam as almas perdidas do Mar.

Concluiu-se que o texto em análise, do escritor português do século XV, Fernão Lopes, não fazia parte do conhecimento de mundo do sujeito 1, pois ele não se ateve aos detalhes literários da época, mostrando o seu desconhecimento da Literatura Portuguesa, por outro lado, por ter maturidade leitora, chegou a inferências lógicas. São suas estas palavras: "O texto fala a respeito de uma ilha onde moram uma mulher e seu filho, mostrando a solidão que havia ali. Ambos, mãe e filho, parecem não ter a companhia de ninguém e não ser da ilha".

Para Lira (2010), é interessante observar nesse contexto a presença do elemento coesivo adverbial (ali), fazendo referência ao vocábulo "ilha".

Não fazia parte do conhecimento do sujeito 1 que Moçambique, na época dos grandes reis de Portugal, era tida como a ilha dos amores e dos poetas. Para lá iam famílias portuguesas que ficavam à espera de suas almas amorosas na "sombra" do vento, que se juntavam às almas perdidas no mar.

As crônicas de Fernão Lopes transbordam de visualidade, realismo descritivo e dramatização, que, pela simplicidade linguística, a todos atrai. Abolindo a barreira do tempo, faz ressurgir o passado, permitindo aos leitores viver com ele acontecimentos que alteram profundamente a sociedade portuguesa.

Talvez por falta desses elementos contextuais e pragmáticos, nosso sujeito tenha feito a sua interpretação de maneira bem mais denotativa e subjetiva, a qual não invalida a proposta, partindo da premissa de que os textos são plurissignificativos e plenamente entendidos a partir dos contextos existenciais dos leitores/ouvintes.

O sujeito 2 descreve assim a sua interpretação:

> Numa ilha isolada, vivem solitários Ana das Almas e seu filho, que, por não ter contatos com outras pessoas, não precisa ter um nome, é apenas Menino. Ana das Almas, nome que talvez a caracterize por viver de emoções passadas, de sonhos idos, vive em sua solidão, na esperança de que ainda voltem as suas emoções. Ana das Almas, que tem como companhia um pequenino que a mantém viva por ser brincalhão, alegre e sonhador. Que sonha em ser um pássaro livre que atravessará aquelas águas e seguirá voando pelo mundo afora. Ana, no entanto, sonha apenas em encontrar as almas que a fizeram feliz. Ana das Alma e seu Menino, duas almas; uma presa aos sonhos vividos e outra presa aos sonhos que viverá.

O sujeito 2 nos oferece – a professora de Língua Portuguesa –, pelo seu próprio contexto intelectivo e vivencial, uma interpretação alegórica, mesmo não conhecendo o todo da obra nem o contexto dessa crônica de Fernão Lopes. Trata de emoções, de liberdade, da criança que dá sentido à vida da mãe que só espera almas passadas, talvez pessoas que já a fizeram feliz, apresentando ainda o Menino sem nome como a solução para os seus desencantos. Acaba a sua interpretação com um belo paralelo: duas almas, uma presa ao passado e outra cheia de sonhos futuros. Observa-se que o texto do sujeito 2 é coerente porque não foge do tema, mantém a progressão e não é contraditório.

O sujeito 3, o professor de Matemática, diz-nos com relação à crônica em análise interpretativa:

> O texto descreve sobre a solidão de uma mulher que mora numa ilha com o seu filho, um menino pequeno que vive brincando alegre, pulando nas pedras no meio dos pássaros. O texto descreve, também, que o menino espera a vida no contexto dele (espera as águas da natureza) e ela, a mãe, espera talvez um companheiro.

Mesmo não sendo do seu conhecimento cotidiano a Literatura Portuguesa do século XV, o nosso sujeito 3 interpreta de maneira lógica as linhas do poema, apresentando dois personagens solitários que vivem numa ilha: uma criança sem nome, apenas um Menino, e sua mãe, que se alegra com as façanhas do filho, talvez à espera de um companheiro. Conforme esse sujeito, a esperança continua, e esta nunca deverá morrer em qualquer contexto existencial em que nos encontrarmos.

Com esta pesquisa, conclui-se que o sujeito 2, a professora de Língua Portuguesa, pelo seu próprio contexto profissional, teve mais condições de se aproximar dos elementos interpretativos e até propor, de maneira lúdica, interpretações inéditas. Nossos sujeitos 1 e 3, por serem da área de Pedagogia e de Matemática respectivamente, entenderam bem o texto, mas não teceram maiores aprofundamentos e comentários por não serem especialistas em Literatura, o que nos leva a entender que os contextos influenciam os textos e que estes são entendidos a partir dos seus contextos. Por isso que a pragmática linguística é tão útil nos processos de comunicação e, sobretudo, nos atos interpretativos do dito e do escrito.

Vejamos um fragmento do texto do "Causo do Geraldinho":[14]

Aí, segunda-feira eu tinha que i posiviço. Eu levantei cedim, mas, aí, eu já tinha refrescado aquela giriza: "Ah, vô leva ela comigo, eu dô uma esfrega boa nela é no caminho". Aí, a rua lá na porta era descambada assim, rapai. Aí eu tirei ela pra fora, pensei: Ah, vô começa o jogo é aqui memo. Tranquei o chifrim dela, sô, quand'eu, joguei a perna no pelo dela, ela já aluiu, aí eu saí ca'quele trem uma ora d'uma banda, ora d'ota, pelejanopa apanha aquele prumo e ela foi azedano. Quando ela gaxô, memo, que vento tavazuano, aí eu aprumei. Eu aprumei, mas num sabia administra ela no rumo que precisava, não. Eu só equilibrei em riba, e ela, no rumo, que ela apontasse, era aí memo.

Conforme Lira (Lira, 2012), a primeira pergunta que nos vem à mente é do que se trata o texto. Pode-se inferir isso pelas entrelinhas e marcas da oralidade (já que o texto é uma reprodução da fala), as repetições do dêitico *aí*, o processo de assimilação fonológica no gerundismo: *pelejano, zuano*. Além disso, o uso do vocábulo "trem" faz-nos pensar que o Geraldinho seja mineiro.

Com o todo do texto, e não só o fragmento, conclui-se que se trata de Geraldinho indo para o serviço na sua bici-

---
[14] CD *Trova, prosa e vida*. Geraldinho, Hamilton Carneiro, André e Andrade. Mimeo.

cleta. As seguintes expressões nos garantem, de certo modo, esta certeza: "tranquei no chifrim dela... aí eu saí com aquele trem uma ora d'uma banda, ora d'ota, pelejanopa apanha o prumo... Eu só equilibrei em riba...".

Daqui concluímos que uma única escrita, aquela que chamamos de ortográfica, faz-se necessária para garantir o pleno entendimento e a unidade linguística dos falantes de determinada língua, pois, se todos escrevessem como se fala, acabaria por se perder a identidade linguística.

A pragmática, portanto, preocupa-se com esses momentos de produção e seus contextos, dando-nos pistas para uma interpretação mais próxima daquilo que se deseja dizer. Assim, fica claro que ela é o ramo da linguística que analisa o uso concreto da linguagem pelos falantes da língua em seus variados contextos. Extrapola, assim, a significação dada às palavras pela semântica e pela sintaxe, pois observa o contexto extralinguístico em que estão escritas, ou seja, ocupa-se em observar os atos de fala com suas implicações sociais e culturais.

Segundo a pragmática, o sentido de tudo está na utilidade, no efeito prático que os atos de fala podem gerar. Para ela, o que importa é o ato comunicativo e o funcionamento da linguagem entre os usuários, concentrando-se nos processos de inferência pelos quais compreendemos o que está implícito. Como já dissemos, o contexto no qual a comunicação está inscrita é essencial para a compreensão do enunciado emitido. E, quanto maior for o domínio da linguagem, maior será a capacidade dos falantes em interpretar os implícitos. Foi isso que nos ajudou a entender melhor o "Causo do Geraldinho".

Linguisticamente, o que mais interessa diz respeito ao estudo da linguagem do ponto de vista dos seus usuários, fazendo as análises das escolhas lexicais, as restrições encontradas nos usos linguísticos em determinadas situações sociais e, ainda, os efeitos que os elementos de linguagem geram em relação aos participantes dos atos de fala. Resumindo, podemos dizer que a pragmática se preocupa com os usos linguísticos e sua relação com os contextos de fala, portanto, o acento encontra-se no momento da enunciação que influencia diretamente nos enunciados.

Durante muito tempo, a escola só ensinou com base no enunciado dito ou escrito, não levando em consideração os momentos contextuais de produção. A pragmática nos dá essa veia tão importante para o entendimento pleno dos variados discursos sociais.

Disso advém a importância vital, para estes estudos, dos momentos de produção de fala e escrita com seus usos sociais, de seus efeitos intencionais, dos destinatários do discurso com a preocupação da adequação linguística. Daí a relevância destas indagações básicas: "o quê, para quê, para quem, onde e por que dizer ou escrever?".

No capítulo seguinte, ocupar-nos-emos com as questões de prosódia (pronúncia) da Língua Portuguesa falada aqui no Brasil.

3

Prosódia
Emissão dos sons da fala, acentuação tônica, entoação, duração e intensidade

As questões de prosódia demonstram a importância do som no processo de produção oral dos textos (acentuação, tonicidade, entonação), portanto, ligam-se à *pronúncia* dos vocábulos. Vamos nos deter aos sons pronunciados no Brasil e observaremos que os mesmos influenciam também na produção dos sentidos de uma determinada comunidade de falantes. A pronúncia dos vocábulos da Língua Portuguesa falada em nosso país leva muito em conta os contextos de uso (pragmática) e, aqui, graus de instrução e convivências socioculturais e, ainda, as questões de variação linguística não podem ser deixadas de lado.

Só para iniciar com alguns exemplos, vejamos o vocábulo "subsídio". Quando escutamos uma autoridade pronunciar com o som de *z* ("subzídio"), observa-se, logo, que foi uma gafe; enquanto a pronúncia correta seria "subcídio". Temos aqui um substantivo masculino que significa: reforço, apoio, reserva, recurso.... Seguem dois exemplos contextualizados com a referida palavra, cada um deles apresentando sentidos diferenciados.

1. Enviei alguns subsídios *para a sua tese* (entende-se, aqui, algo de cunho bibliográfico).

2. Criou-se um *subsídio* destinado aos pobres (temos o sentido de uma reserva financeira).

Outro exemplo é a palavra "inexorável", que significa implacável, inabalável, austero, reto, rígido. Muitos, também, a pronunciam de maneira errada: "ineczorável", enquanto a sua pronúncia correta é "inezorável". Outros exemplos:

Incorreto	Correto
Pertubar	Perturbar
Corgo	Córrego
Bibicar	Bebericar
Entertido	Entretido
Aerosol	Aerossol
Espinho de peixe	Espinha de peixe
Fosfro	Fósforo
Vage	Vagem
Garage	Garagem
Brasilero	Brasileiro
Pêxe	Peixe
Asentar	Sentar

Como vemos, muitos casos de prosódia são arbitrariedades linguísticas, mas que a comunidade dos falantes, na sua maioria, elegeu como pronúncia correta, no que se refere à acentuação tônica conforme a norma culta da língua. Esta possui o que chamamos de metaplasmos, que são mudanças fonéticas: acréscimos e perdas de fonemas no início, meio e fim das palavras. Mas aqui não se constitui, de maneira estrita, um caso de prosódia, e sim de ortoépia, que é a correta pronúncia dos grupos fônicos. Nos exemplos citados, temos os dois fenômenos.

A ortoépia está relacionada com a perfeita emissão das vogais, a correta articulação das consoantes e a ligação dos vocábulos dentro de seus contextos. Já a *prosódia*, nosso objeto de investigação neste livro, está relacionada, como dissemos antes, com a correta acentuação das palavras, tomando como padrão a língua considerada culta. Vejamos alguns exemplos:

1) Oxítonas: cateter, Cister, condor, hangar, mister, Nobel, novel, recém, refém, ruim, sutil, ureter...
2) Paroxítonas: avaro, avito, barbárie, caracteres, cartomancia, ciclope, erudito, ibero, gratuito, ônix, poliglota, pudico, rubrica, tulipa...
3) Proparoxítonas: aeródromo, alcoólatra, álibi, âmago, antídoto, elétrodo, lêvedo, protótipo, quadrúmano, vermífugo, zéfiro...[15]

Existem algumas palavras cujo acento prosódico é incerto e oscila mesmo na língua culta. Por exemplo, nos pares: *acróbata/acrobata*; *crisântemo/crisantemo*; *Oceânia/Oceania*; *réptil/reptil*; xerox/xérox... Outras, ainda, assumem significados diferentes, de acordo com a acentuação, como: *valido/ válido*; *vivido/vívido*...

Há também casos frequentes de pronúncias diferentes da língua padrão:

---

[15] Com as palavras proparoxítonas fica mais fácil a pronúncia, pois todas elas devem receber acentuação tônica na antepenúltima sílaba, evitando, assim, que a maneira de pronunciar fique divergente da norma padrão.

LÍNGUA COLOQUIAL	NORMA CULTA
Aterrizagem	Aterrissagem
Ávaro	Avaro
Bandeija	Bandeja
Bêjo	Beijo
Bússula	Bússola
Carangueijo	Caranguejo
Cataclisma	Cataclismo
Compania	Companhia
Desiguinar, desiguina	Designar, designa
Dêxe	Deixe
Distinguir, distinguia, distinguiu (Fazendo soar o "u" do dígrafo)	Distinguir, distinguia, distinguiu (Sem fazer soar o "u" do dígrafo)
Douze	Doze
Espelha (é)	Espelha (ê)
Estóra	Estoura
Extinguir	Extinguir
Fróxo	Frouxo
Frustado, frustar, frustação	Frustrado, frustrar, frustração
Má	Mar
Mais	Mas
Mendingo	Mendigo
Muleque	Moleque
Nóbel	Nobel
Opita	Opta (op-tar)
Pissicologia, pissicólogo	Psicologia, psicólogo (psi)
Prazeirosamente	Prazerosamente
Previlégio	Privilégio
Próprio, apropiado	Próprio, apropriado
Quêjo	Queijo

Estes, portanto, são os casos mais frequentes de pronúncias diferentes com relação à norma culta da Língua Portuguesa.

Não radicalizando a normatização e a concepção de língua como representação formal do pensamento, mas tomando as reflexões da linguística moderna, podemos dizer que são casos claros de variação linguística e que, na oralidade e nos lugares e momentos adequados, poderão ser utilizados; mas, se esses ou outros vocábulos forem escritos, é necessário que sigam a norma padrão para garantir a unidade linguística.

No século XX, as diferentes teorias linguísticas atribuíram às questões prosódicas uma importância científica. O teórico Roman Jakobson, apesar de não ter dado atenção especial à prosódia, já tratava a frase como uma unidade de sentido que se superpõe às palavras, e todo processo fônico que indica seu limite, sua divisão ou a hierarquia de suas partes. O acento vocabular é o delimitador lexical quanto aos itens que há na frase. A hierarquia entre o léxico da frase é dada pela diferença de força empregada em cada item lexical, sendo o grau mais elevado a palavra de maior importância semântica na sentença. Para esse autor, a entoação descende da enunciação, também chamada de cadência, e delimita o final da sentença, já a entoação *ascendente* é a mensagem que está sendo veiculada pela frase, indicando que a mesma ainda não terminou. Para ele, os elementos fônicos servem para limitar, articular e hierarquizar as significações, mas não estabelecem relações semânticas, papel atribuído à escolha vocabular. Assim, existem duas funções atribuídas aos processos fônicos:

73

a) *Função distintiva:* processos fônicos distintivos ou traços distintivos.

b) *Função articulativa:* processos fônicos articulativos que se subdividem em:
   1. Apcial – correspondendo aos ápices.
   2. Delimitativo – que corresponde às delimitações sonoras de acentuação.

É na segunda função (letra b) que se insere o papel da prosódia. A entoação seria uma constante oposição entre duas direções tonais: a *ascendente*, que seria a função de continuidade da frase, e a *descendente*, como sua função conclusiva. A prosódia estaria subdividida em entoação da frase, diferença de registro na frase, acento frasal e pausa.

Para Martinet (1970), a prosódia não tem valor pela sua presença ou ausência, mas pelas suas variações ao longo da fala. Essa abordagem torna o fato prosódico impossibilitado de ser analisado no plano paradigmático,[16] causando um problema para a abordagem funcionalista da língua, o qual tem por base a comutação e a segmentação. Esse autor aborda os signos prosódicos como marginais, pois "escapam à segunda articulação", e este fato impossibilita a inclusão deles na primeira articulação. Vejamos Martinet (1970, p. 82):

> Incluem-se na prosódia todos os fatos de discurso que não entram na fonemática, quer dizer, os que de qualquer modo escapam à segunda articulação [...] nestas condições, não é difícil

---

[16] Plano paradigmático é aquele que se opõe ao plano sintagmático, ou seja, a sequência de palavras na formação da frase. O eixo paradigmático nos leva a outros vocábulos que se ligam mental e semanticamente àqueles que estão presentes no seguimento linguístico, impossibilitando que esse plano seja estudado prosodicamente.

compreender que tais fatos não possam valer linguisticamente pela sua presença ou ausência em determinado ponto, mas sim pelas suas modalidades, variáveis de parte para parte dos enunciados, por consequência, não podem caracterizar unidades discretas.

As articulações caracterizam-se pelo diferencial da pronúncia, por exemplo, o que diferencia um /a/ de um /i/ ou de um /o/. Eles têm também propriedades prosódicas, como a *intensidade* (a vogal pronunciada com maior intensidade, aquela que contém o acento da palavra), a *duração* (que pode contrastar com o tempo de pronunciação de cada som, sendo uns breves e outros alongados) e a *altura* ou *tom* (que se constitui da própria sequência de tons das vogais de uma palavra, a *entoação*). Também, no âmbito da prosódia, estudam-se os fenômenos de coarticulação de sons em fronteiras de palavras, como na queda da vogal final do vocábulo "belo", como na sequência "belo ator", ou, ainda, como no comportamento de palavras sem acento próprio como os pronomes átonos.

Só para retomar o que já vimos até aqui, a prosódia ou nível prosódico, como chamam alguns autores, é um dos níveis de análise fonológica das línguas. No prosódico, analisam-se os fenômenos fonéticos e fonológicos que envolvem as unidades mais vastas do que os fonemas, como a sílaba, a palavra (com sua acentuação tônica) ou a frase. É no aspecto prosódico que se estudam os processos entoacionais, rítmicos ou o acento, que muitas vezes se manifestam através da variação dos tons, duração e intensidade.

A intensidade está relacionada com o acento tônico da palavra e marca uma sílaba que é pronunciada com mais força, tornando-se proeminente na sequência de sílabas que constituem a palavra. Na Língua Portuguesa, todas as palavras possuem acento tônico, mesmo sem o sinal diacrítico, sendo possível distinguir duas palavras com as mesmas vogais, cujo acento aparece em sílabas diferentes, podendo modificar o significado delas. Por exemplo, *dúvida* e *duvida*, em que o diacrítico, (´) = acento agudo, marca o lugar do acento da palavra proparoxítona dúvida, que se distingue de duvida (do verbo duvidar). Ou ainda em: *sabia* (verbo saber), *sabiá* (substantivo) e *sábia* (pessoa possuidora de sabedoria).

A sociolinguística, também, insere-se no campo da prosódia. Para Peres (2017, p. 59):

> O termo sociofonética refere-se a um tratamento descritivo das variações fonéticas e fonológicas presentes nos dialetos, estabelecendo seus estudos nos limites dos estudos sociolinguísticos e fonéticos. Os estudos sociofonéticos levantaram hipóteses e questões sobre as teorias fonéticas e fonológicas, deixando de distinguir, muitas vezes, fonética de fonologia. [...]. "Os trabalhos na área têm interesse sobre a relação entre as formas fonético-fonológicas e os fatores sociais, em busca das origens e da transmissão de mudanças linguísticas" (Foulkes, 2005).

E é tratando de sociolinguística que passaremos a refletir sobre as variações linguísticas, tão presentes na fala do nosso povo brasileiro. Segundo Lira (2006, p. 65):

> A sociolinguística é o estudo das relações entre as variações linguísticas e as variações sociais em uma comunidade, tendo como função mostrar os fatores responsáveis pela variação da linguagem de um falante para outro. A partir dessa visão, sociedade e língua passam a ser consideradas independentes, caben-

do à sociolinguística preocupar-se com o estudo das estruturas do pensamento de certas comunidades e a forma como estas articulam linguisticamente sua realidade, de acordo com a sua cultura e sistema de vida.

Como vimos anteriormente, as comunidades dos falantes são fundamentais para entendermos os fatos sociais da língua, suas variações e, consequentemente, seus traços prosódicos. Segundo a sociolinguística francesa, as variações extralinguísticas, que podem manifestar-se nos diálogos, são de três espécies: *geográficas*, que envolvem as variações regionais; *sociológicas*, compreendendo as variações provenientes da idade, sexo, profissão, nível de estudos, classe social, localização dentro da mesma região e raça; *contextuais*, constando de tudo aquilo que pode determinar diferenças na linguagem do locutor por influências alheias a ele, como o assunto, o tipo de ouvinte, o lugar em que o diálogo ocorre e as relações que unem os interlocutores.

As variedades geográficas ou diatópicas são aquelas que acontecem no plano horizontal da língua: os regionalismos provenientes dos falares localizados. Aqui entramos nos aspectos da pronúncia urbana e rural, em que a primeira é cada vez mais próxima à linguagem comum, que nem sempre se constitui da norma padrão, pela ação decisiva que recebe da mídia e da pouca monitoração da escrita e da fala. A segunda é mais isolada e desprestigiada. Dentro dos limites da fala urbana ou rural, podem ocorrer outras variações motivadas pelas características dos falantes e do grupo social a que se pertence, ou, ainda, pelas circunstâncias que cercam os atos de fala.

Já as variedades socioculturais, também, chamadas de diastráticas, ocorrem em um plano vertical, dentro do linguajar de uma comunidade específica.

Na fonologia, embora algumas diferenças ocorram, não chegam a comprometer a comunicação. Essas diferenças fonológicas servem para marcar, na sociedade, as formas de maior ou menor prestígio. *Algumas pronúncias* de certos vocábulos ou estruturas frasais são estigmatizadas, caracterizando o falante como pertencente a outra classe do dialeto social. Entretanto, na sociolinguística esse posicionamento não pode ser considerado válido, já que ela não aceita a norma padrão como a única e ideal forma de falar, acreditando que todos os dialetos fazem parte de um processo natural da variação linguística, que atende às mais diversas situações de comunicação na sociedade. Dizer que a norma padrão representa a única forma linguística correta é um preconceito social, no que concerne à oralidade prosódica. Bagno (2003, p. 9) diz: "uma receita de bolo não é o bolo, um mapa-múndi não é o mundo, um molde de um vestido não é o vestido, assim como a gramática normativa não é a língua"; pelo menos em sua integridade.

A variedade linguística deverá ser vista como uma riqueza da língua e não como forma de exclusão social, por isso, apesar de a escola ter por obrigação de ensinar uma das formas dessa variedade, o dialeto padrão, a intervenção pedagógica deverá respeitar os diversos contextos sociais dos alunos e, consequentemente, olhar sem visões preconcebidas para as outras variações prosódicas.

Bagno (2001) coloca na fala da professora Irene, personagem dessa sua obra, que a língua comporta diferenciações fonéticas, sintáticas, léxicas e semânticas, variando de acordo com o contexto social de cada um dos seus falantes.

Nesse mesmo livro, diz que falar do jeito como se escreve não significa falar mais corretamente, mas que uma única escrita, como já dissemos, apesar de ser distante das modalidades orais, é necessária para garantir a uniformidade diante de tantas outras formas dialetais, como também é útil para registrar os saberes da humanidade e não deve ser um instrumento de tortura ou prisão para a língua falada. Nessa novela sociolinguística, o autor cita alguns exemplos relativos à dicotomia entre língua falada e escrita. Ou seja, no fundo é a primeira tentativa daquele que está sendo alfabetizado. Tal tentativa chamamos de "apoio na oralidade", como nos diz Zorzi. O alfabetizando tende a escrever da mesma forma como pronuncia os vocábulos. Por exemplo: a) a redução do ditongo *ou* assimilado pelo *o* em – pouco/*poco*; louco/*loco*; louro/*loro*; b) a redução do ditongo *ei* em *e*, quando seguido de "j", "x" e "r" – beijo/*bêjo*; brasileiro/*brasilêro*; peixe/*pêxe*; c) *e* e *o* átonos pretônicos, quando a sílaba tônica possui um /i/ ou /u/; /e/ e /o/ pretônicos, passam a ser prosodicamente /i/ e /u/, pelo fenômeno da harmonização vocálica – alegria/*aligria*; mentira/*mintira*; coruja/*curuja*; fortuna/*furtuna*; d) na sílaba pretônica o /o/ depois de *b* e *m* reduz-se em *u* – bolacha/*bulacha*; bodega/*budega*; moleque/*muleque*; moeda/*mueda*.

De certo modo, há uma logicidade no Português não padrão. Tomar somente a norma padrão como válida seria aprisionar a língua e, a nosso ver, essas variedades de traços prosódicos só a enriquecem. É, portanto, a linguagem, em sua funcionalidade e em todas suas formas, que deverá ser analisada e entendida.

Vejamos, agora, alguns pequenos trechos da língua em uso em que, na maioria das vezes, a escrita é grafada tendo por base o "apoio na oralidade", ou seja, no modo de se pronunciar os vocábulos nos diversos contextos sociais:

PÍTÍÇA COM GUARANÁ

Aqui, desejava-se grafar o vocábulo *pizza*. Interessante notar que aparecem duas sílabas acentuadas, como se se dissesse: PI...TI...ÇA!

SERVIMOS SUCO NATURAL DO PÓ DO GUARANÁ
A FLÔR DE ZÍACO DO AMAZONAS

O nosso conhecimento de mundo lembra-nos de que, talvez, este texto possa estar fixado na frente de um restaurante onde se serve guaraná em pó afrodisíaco. Observa-se que o traço prosódico que reproduz a fala é reproduzido da maneira como o falante escuta a pronúncia em seu contexto de uso, mas, com certeza, ele sabe o significado do que está sendo dito.

PÉ DICURI E MÃO DICURI
R$ 30,00

Vemos, aqui, uma questão de semântica relacionada com a prosódia. O texto trata de uma pedicure, ou seja, uma profissional que trata das unhas dos pés, como também de uma manicure, que cuida das mãos. Cria-se um neologismo inexistente na língua: "DICURI", a partir do que se escuta em determinados contextos sociais linguísticos. Com certeza, em lugares onde essa escrita possa ser produzida, não se tem, ainda, a habilidade de grafar e oralizar as palavras corretamente, conforme a norma padrão: *pedicure* e *manicure*, a partir do processo de composição por aglutinação. De todo modo, vê-se, claramente, a falha prosódica com relação à norma culta, se bem que, ao falar, deve-se pôr o acento tônico na sílaba correta, por conta do valor fonético do /u/ entre duas sílabas em que aparece o fonema /i/.

MERIVALDO CABELEIREIRO SÓ MENTE AOS DOMINGOS

Mais uma questão de semântica, visto que a acentuação no monossílabo tônico está correta: "só". Transforma, assim, o advérbio *somente* em outras duas palavras, as quais mudam o sentido do texto: "só mente", ou seja, todos os domingos o cabeleireiro Merivaldo mente.

REFORSSO ESCOLAR: TODAS AS MATÉRIAS

É interessante observar que o vocábulo *reforço* está grafado em oposição à norma culta, porque aqui temos o que os linguistas chamam de "arbitrariedades da língua", ou seja, do jeito que está escrito temos a mesma pronúncia de *reforço* (conforme a norma padrão). Já o vocábulo *matérias* está com a acentuação gráfica correta, na sílaba tônica.

FUI AO MOSSAR

Neste exemplo, o som prosódico é igual ao da grafia correta *almoçar*, portanto, uma "arbitrariedade linguística" que só com a leitura constante e o convívio com a norma culta se vai adquirindo a forma consagrada de escrita. Talvez, a pessoa que escreve desse modo, seja alguém adulto que esteja em processo de alfabetização e fazendo uso do primeiro critério da estratégia de aquisição do código escrito, o "apoio na oralidade". Ao se separar o vocábulo *ao mossar*, tem-se a ideia de ir a algum lugar.

PARABÉNS GRASSA VOCE E MUITO ES PESSIAL

O texto felicita pelo aniversário da Graça. Inicia com o vocábulo *parabéns*, grafado conforme a norma padrão, com acento na última sílaba, como é próprio das palavras oxítonas. Mas a norma culta é rompida com a grafia do nome da aniversariante, se bem que, no Registro Civil, poderá estar grafado assim, já que os nomes próprios não têm a obrigação de seguir a norma padrão. No entanto, nota-se que foi uma tentativa de reprodução arbitrária da pronúncia, pois o que se escuta tanto poderá ser grafado com /ç/ ou /ss/. O vocábulo "você", sem acento, elimina a norma de marcação da sílaba tônica fechada (você); uma pessoa não usuária da Língua Portuguesa poderia pronunciar: VÔCE; com o acento prosódico na primeira sílaba. Na palavra "especial", encontramos o mesmo fenômeno que em Graça, só que aqui os fonemas/grafemas que se confundem são /c/ e /ss/, que, dependendo do lugar dentro da palavra possui o mesmo som, neste caso, uma consoante sibilante. Se o /c/ fosse no início do vocábulo, o som seria gutural, como em *casa*, ou mesmo sibilante, como em *Cecília*.

VENDE-SE ÀGOA GELADA E O PREÇO É BOM!

Em razão da inexistência do vocábulo "àgoa" na Língua Portuguesa e da presença do adjetivo *gelada*, pode-se inferir que a palavra seja "água". Como está escrito, a pronúncia seria: AAGÔA, com crase e a ausência do /u/, que formaria o tritongo.

REJUVELHECIMENTO FACIAL

Neste caso, não temos diretamente uma questão de prosódia, mas sim um problema de semântica, pois, por conta dos contextos de uso e aproximação fonológica, cremos ser justamente o contrário daquilo que se está querendo dizer, ou seja, o correto seria: REJUVENESCIMENTO, para ficar mais jovem e não mais velho: *rejuvelhecimento*, mostra uma clara contradição lógica no interior da palavra, pois é impossível rejuvelhecer. O vocábulo foi usado por paralelismo fonético.

É PROIBIDO JOGAR LIXO NA PORTA DO ZOTO

Temos neste apelo uma nuance digna de nota. Mais uma vez vemos na escrita vocabular "do *zoto*", uma tentativa de reprodução da fala, pois, prosodicamente, as pessoas menos escolarizadas, que vivem em um contexto social com acento na oralidade, possuem a tendência a utilizar a lei do menor esforço fonético. Sabemos que o correto seria: "dos outros", mas, como já se escuta tanto esta maneira de dizer, tal efeito prosódico é entendido por todas as pessoas que falam a Língua Portuguesa.

É PROIBIDU ESFOLEAR OS JORNAIS

Vimos este lembrete colado na cadeira de uma banca de jornal. É o clássico caso das palavras paroxítonas cuja sílaba final fraca é gravada com /o/, mas a pronúncia se torna /u/. Este é o som que se escuta em: PROIBIDU, mais uma vez a pronúncia influenciando na escrita. Quanto ao vocábulo "esfolear", não existe na Língua Portuguesa; temos "esfoliar" (ligado à remoção de células mortas da pele), que não é o caso do pedido fixado na cadeira da banca de jornal, que deveria ser: *folhear* (passar as folhas). Em todos os casos, o acento tônico vai estar sempre na última sílaba; escrito de maneira correta, incorreta ou mesmo em caracteres inexistentes, será sempre um vocábulo oxítono.

Estas análises foram ricas, sobretudo, porque estudamos a nossa língua na sua concretude utilizada pelos seus usuários nos vários lugares e níveis sociais, mostrando aqui o que vimos ao refletir sobre a sociolinguística francesa, que acentua a geografia e os contextos sociais como influenciadores para os atos de fala, portanto, de prosódia.

O filólogo português Jerônimo Soares Barbosa define a prosódia em dois aspectos: um primeiro, que ele chama de melodia da fala, do tom, do acento e da quantidade, incluindo as sílabas e o modo como devem ser pronunciadas. O outro é a orientação para uma boa pronúncia através da descrição e o estudo de certas características do som. Por isso que ele chama a prosódia de *orthoepia*, por compreender não só o conhecimento dos sons, mas também o das modificações musicais de que os mesmos são susceptíveis, relativas ou ao canto e melodia, chamadas de acentos, ou ao compasso e ritmo, nascidas da *quantidade* das sílabas. Para Mateus (2017, p. 3): "Esta parte musical da *orthoepia* ou boa pronunciação tem como nome prosódia, da qual o maior número de gramáticos fizeram uma das quatro partes da gramática, desdenhando ainda os primeiros princípios da boa pronunciação ou leitura".

Tom, intensidade e duração são inerentes às propriedades prosódicas. O *som* está relacionado com as características acústicas das ondas sonoras; o *tom* tem como correlato acústico a frequência da onda sonora, ou seja, o número de vezes que um ciclo completo de vibração das partículas se repete durante um segundo. Quanto maior o número de ciclos de vibração das partículas, maior é a altura do som e, portanto, mais alto é o tom. A frequência fundamental relaciona-se de um ponto de vista articulatório, com as pregas vocais: quando mais delgadas, maior número de vibrações e maior a altura do som. Uma sequência de segmentos com os respectivos tons cria a *entoação* dessa sequência, quer se trate de uma palavra ou de um grupo de palavras. Conforme a autora (ibid., p. 6):

A intensidade do som decorre da *amplitude* da onda sonora (o valor da distância entre a pressão zero e a pressão máxima da onda). Quanto maior for a amplitude de vibração das partículas, maior a quantidade de *energia* transportada por estas e maior é a sensação auditiva de *intensidade* do som. A proeminência do som que chamamos "acento" decorre dessa intensidade. A duração refere-se ao tempo de articulação de um som, sílaba ou enunciado, e tem uma importância fundamental no ritmo de cada língua. A *duração* de cada unidade varia conforme a *velocidade de elocução*, o que significa que, se a velocidade de produção for maior, a duração de cada elemento é menor. Duração, intensidade e frequência concorrem para a construção do ritmo das línguas.

Tendo por base estes elementos fundamentais para os estudos de prosódia, pode-se dizer que entre eles ocorrem limites de unidades sonoras, traços distintivos e significados que vêm à tona através da memória acústica.

Vimos, anteriormente, que a sílaba é uma unidade fundamental para estes estudos, pois ela possui uma estrutura interna hierarquizada, constituída pelo que se chama de *ataque* (a consoante ou consoantes com que se inicia) e *rima*, que integra o restante dos segmentos. Por vez a rima tem um *núcleo* (uma vogal ou ditongo) e pode ter uma *coda* (uma consoante final). Apenas o núcleo é parte obrigatória da sílaba. Por exemplo, na palavra "gatas", temos (G = Ataque; R = Rima; N = Núcleo e C = Coda). Vejamos:

G = A
A = N e R
T = A
A = N e R
S = Coda

Como os núcleos das sílabas são sempre ocupados por vogais, e como as consoantes oclusivas são as que apresentam menos sonoridade e as líquidas vibrantes ou laterais[17] (R e L) são bem mais sonoras, as sílabas assim constituídas obedecem ao que chamamos de *princípio da sonoridade*. Este princípio manifesta-se da seguinte forma: a sonoridade dos segmentos que formam a sílaba aumenta a partir do início até o núcleo e diminui desde o núcleo até o fim. Temos, portanto, a seguinte escala de sonoridade: oclusivas < fricativas < nasais < líquidas < (vibrantes e laterais) < semivogais ou glides < vogais (altas, médias, baixas). A este constituinte prosódico, chamamos de *palavra prosódica*, que possui um único acento principal, enquanto a *palavra morfológica* pode ter dois acentos, se for (1) um composto por justaposição como: *guarda-roupa*, *além-mar*; (2) se for um derivado com prefixos como pré ou pós (exemplos: *pré-tônica*, *pós-tônica* e (3) se for um derivado com prefixos "z" ou o sufixo "mente" (exemplos: papelzinho, elegantemente). Nestes três casos, cada exemplo apresentado é composto por duas palavras prosódicas porque, de certo modo, possuem dois acentos tônicos. A palavra prosódica é, portanto, um constituinte que permite a organização da cadeia fônica, contribuindo para a existência de intervalos regulares entre os acentos principais da palavra.

Existem, também, os sintagmas entoacionais, que são formados por um ou mais sintagmas sintáticos e possuem um contorno identificável. Vejamos o seguinte segmento linguístico:

---

[17] São laterais porque ocorre um fechamento da passagem do ar pelo centro da boca com a língua tocando os alvéolos, e o ar passa pelos lados (laterais). As vibrantes vibram no mesmo ponto de oclusão.

                    1   2   3
As professoras, //a morena e a loura,// tiveram dificuldade de responder às perguntas.

Aqui temos três sintagmas entoacionais, e o que nos permite reconhecê-los é a sequência frásica na sua realização fonética da fricativa final de uma palavra, quando a palavra que se segue começa por vogal: se a fricativa se realizar com [z], as duas palavras pertencem ao mesmo sintagma entoacional, como, por exemplo, em: as professoras. O segundo sintagma começa por vogal [a] e, finalmente, o terceiro começa com consoante [t], e a duração prosódica vai depender da velocidade do leitor (locutor). Se ler muito rápido, a duração de cada elemento será menor, ou, ao contrário, sendo a leitura mais pausada, a duração será maior e a intensidade do som mais acentuada.

Cremos que, com estas reflexões sobre a prosódia, mostramos a importância da produção sonora e de uma pronúncia bem elaborada e estudada para o maior entendimento da mensagem que está sendo veiculada. Daí o valor da relação: SEMÂNTICA – PRAGMÁTICA – PROSÓDIA, pois estes três aspectos da linguística se complementam para facilitar a intercomunicação.

No próximo capítulo, deter-nos-emos sobre as questões da adequação linguística e a humildade dos interlocutores nos momentos dos atos de fala.

4

Adequação linguística
A humildade dos interlocutores

Apesar de já termos tratado, no capítulo da pragmática, sobre a importância da adequação linguística, resolvemos dedicar este ao mesmo assunto, sobretudo para mostrar a necessidade da *humildade e adaptação linguística* dos interlocutores nos processos comunicativos.

Comecemos entendendo os fatores da adequação linguística. Como sabemos, a linguagem não é uniforme, ela sofre variação de acordo com o assunto, interlocutor, ambiente e intencionalidade. Esses fatores devem ser levados em conta nos atos de fala.

Durante tempos, buscou-se a uniformidade linguística, pois tudo o que fugia da gramática normativa era considerado errado. Hoje, o foco não está mais no certo ou errado, mas no adequado e inadequado, porque entendemos que a linguagem é um processo de interação comunicativa e nunca homogênea. Sendo assim, teremos níveis de linguagem e níveis de fala.

Quanto aos *interlocutores* (emissor e receptor), são parceiros de comunicação, sendo esse fator determinante para a variação linguística. O objetivo do ato comunicativo é se fazer compreender, já que o interlocutor deverá ser sempre considerado. Por exemplo, um padre não pode usar a mesma linguagem que utiliza em uma missa de formatura numa outra celebrada para comunidades rurais; daí a escolha da linguagem ser importante para favorecer o pleno entendimento dos receptores.

O *contexto ambiental*, também, é básico. A linguagem se adapta ao ambiente, seja ele uma igreja, clube, praia, campo de futebol etc.

Dependendo do *assunto* a ser tratado, a linguagem também se deverá adequar. O contexto linguístico de um convite para um casamento é diferente de um convite para uma ordenação sacerdotal. Se o assunto for sobre uma competição olímpica, não será a mesma linguagem utilizada para se comentar o sepultamento de uma pessoa. Nesse momento, é importante ativar o bom senso.

A *relação de afetividade* entre os interlocutores é outro fator utilizado para a adequação linguística. Portanto, ao se dirigir a um estranho, é adequado que se utilize uma linguagem mais formal, enquanto, para cumprimentar um amigo, a informalidade é o ideal.

A *intencionalidade* se liga ao efeito pretendido, pois nenhum texto, seja ele oral ou escrito, é despretensioso; sempre tem um objetivo e está cheio de intenções. Para cada intenção, existe uma forma de linguagem que será compatível, por isso pedir perdão é diferente de chamar a atenção. Há sempre maneiras distintas para se elogiar, ironizar ou criticar.

Portanto, a adequação linguística é uma adaptação que os falantes fazem para que seus pensamentos, necessidades e desejos sejam comunicados com toda clareza e facilmente entendidos. Poderemos optar por dois tipos de registros: a linguagem formal ou a coloquial. Entre os amigos e familiares, é normal que a linguagem coloquial seja adotada nos discursos. No entanto, em situações que exigem um discurso mais formal, deve-se abrir mão das gírias e de outras expressões próprias da coloquialidade, dando preferência à *variedade padrão* da língua.

Agora, vamos refletir sobre dois aspectos importantes da linguística: os níveis de fala e os níveis de linguagem.

Quanto aos *níveis de fala*, sabe-se que a língua é um código linguístico utilizado por determinada sociedade, tratando-se, portanto, de uma convenção entre grupos de pessoas. Dizemos, então, que a língua é *social*. A fala, por sua vez, é o modo como a língua é utilizada por parte de cada pessoa. Daí se dizer que ela é *individual*, pois cada um tem um modo de se expressar oralmente.

Como vimos, os fatores são vários: idade, sexo, grau de escolaridade, local de trabalho, cargo que se ocupa (função social), local de estudo, local residencial, profissão, caráter, amizades. Vê-se que a língua, partindo do social para o individual, recebe um estilo próprio, mesmo que não siga a norma culta; porque não podemos fazer um julgamento de fala certa ou errada, já que os contextos sociais variam. Para a escrita é diferente, pois esta se trata de um acordo normatizado e documentado. A língua é a referência e não a fala. Os níveis de fala compreendem o modo como o falante se manifesta nas diversas situações vividas.

O nível culto ou formal obedece às regras da norma culta da gramática normativa. Isso é frequente em ambientes que exigem tal posicionamento do falante: em discursos, homilias, defesa de trabalhos científicos etc. É lógico que, neste caso, a escrita também seguirá padrões, quando se trata de textos acadêmicos ou de cunho científico. O nível coloquial ou informal é a manifestação espontânea da língua. Independe, portanto, de regras, apresenta gírias, vocabulário restrito, formas apocopadas de palavras. Os novos portadores de textos do mundo digital fazem bastante uso do nível coloquial da fala.

Os *níveis de linguagem* estão intimamente ligados aos de fala. Como sabemos, a interação verbal entre sujeitos é possível por meio das palavras e pode ser realizada através da fala e/ou da escrita. Dependendo da situação comunicativa, os usuários das línguas podem eleger qualquer um dos diferentes níveis de linguagem para interagir verbalmente com os outros. Concluímos, portanto, que existem linguagens diferentes para ocasiões distintas. Neste caso, os falantes escolhem o nível de linguagem mais adequado para que tanto o emissor quanto o receptor das mensagens possam compreender e serem compreendidos. Os dois primeiros níveis já refletimos como de fala, mas vale a pena repeti-los aqui nesta categorização macro dos níveis de linguagem.

Primeiro nível: norma culta/padrão

É a estrutura da língua com seu conjunto de regras, responsável pelo funcionamento dos elementos linguísticos. Essas regras estão elencadas na gramática normativa, que deveria ser conhecida por toda uma comunidade linguística.

Fazer uso da norma culta da Língua Portuguesa, por exemplo, não significa comunicar-se de maneira difícil, prolixa, inteligível e rebuscada. Embora à língua padrão seja atribuído certo prestígio cultural e status social, o uso da linguagem culta está menos relacionado às questões de estética e muito mais associado à sua democratização, visto que a norma favorece a unidade linguística de seus falantes. Este é o nível que deve ser ensinado nas escolas e estar presentes nos livros didáticos, dicionários etc.

Segundo nível: linguagem coloquial/informal/popular

A linguagem coloquial é aquela utilizada de modo mais espontâneo e corriqueiro pelos falantes. Esse nível não segue a rigor todas as regras da gramática normativa, já que esta se preocupa mais com as questões formais, vendo a língua como mera representação do pensamento, como se estivesse dentro de uma forma. O coloquial vê a linguagem na interação, como instrumento de comunicação de todo um povo, sem exclusões, pois, ao utilizar a linguagem coloquial, o falante está mais preocupado em transmitir o conteúdo da mensagem do que como esse conteúdo vai ser estruturado. Este nível se utiliza nos diálogos informais.

Terceiro nível: linguagem regional ou regionalismos

A linguagem regional está relacionada com as variações ocorridas, principalmente na fala, nas mais variadas comunidades linguísticas. Essas variações são, também, chamadas de *dialetos*. O Brasil apresenta uma grande variedade de regionalismos na fala dos usuários nativos de cada uma de suas cinco regiões geográficas.

Quarto nível: gírias

A gíria é um estilo associado à linguagem coloquial/popular como um meio de expressão cotidiana. Relaciona-se a certos grupos sociais e se incorpora ao léxico de uma determinada língua conforme a intensidade e frequência de uso. Em geral, tais expressões de gírias são utilizadas durante um tempo, por certo grupo de usuários, e, depois, são substituídas por outras ao longo das gerações de falantes. Por exemplo, nos anos 1990 se utilizava a gíria "Chuchu, beleza", para indicar uma coisa boa ou bonita. Atualmente, esta expressão já pode ser considerada obsoleta. No século XXI temos: "Eita, boiei"; "Tá massa"; "Me dá uma gelada"; "Ele é mauricinho"; "Ela pagou um mico"; "Tipo de mulher perua"; "Ela é uma patricinha"; "zorra"...

Quinto nível: linguagem coloquial

A linguagem vulgar é exatamente oposta à linguagem padrão/culta. As estruturas gramaticais não seguem regras ou normas. Interessante é que, mesmo de maneira bem elementar, os falantes conseguem compreender a mensagem e seus efeitos de sentido nas trocas de conteúdos no momento da interlocução. Este nível é considerado como vícios de linguagem. Alguns exemplos: "Nóis vai"; "Pra mim estudar"; "Ramo ali"...

Como vimos, a oralidade e a escrita são duas formas de variação linguística, em que o oral é, geralmente, marcado pela linguagem coloquial ou informal, enquanto a escrita, em sua grande parte, está associada ao modo culto ou formal. Mas, não devemos considerar a linguagem informal como totalmente errada, uma vez que os falantes da língua utilizam a informalidade de acordo com determinados contextos, ou seja, adequando a língua aos momentos de uso. O importante é conhecer bem o ambiente, o público a quem se destina a nossa mensagem, como também a situação histórica. Para ministrar uma aula ou uma palestra, mesmo a oralidade deverá fazer uso do nível formal da língua.

Um dos fatores mais importantes para a construção da linguagem deve ser a leitura, pois aqueles que possuem o hábito de ler têm maior facilidade para se expressarem e percebem, mais claramente, o contexto em que estão inseridos, fazendo a escolha correta do uso linguístico. Além disso, o hábito da leitura melhora a escrita, que, na maior parte dos casos, deve adotar a linguagem formal/gramatical. Desse modo, quando produzimos um texto por escrito, as marcas da oralidade, como gírias, vícios de linguagem, abreviações, erros gráficos e de concordância, devem ser evitadas.

Também existem o que os linguistas chamam de *cacoetes de linguagem*. São uma espécie de "muletas" do idioma, aquelas expressões surgidas em uma determinada época e que acabam cristalizando-se na fala de alguns usuários da língua, que as repetem exaustivamente e de modo automático. Aparecem na oralidade e, depois, migram para a escrita.

Os cacoetes não são neologismos nem vícios de linguagem. Esses vocábulos, geralmente, aparecem fora de contexto e são esvaziados de significação. Isto acontece quando o falante utiliza termos desnecessários apenas para rebuscar o discurso, deixando-o prolixo e mais impactante. Vejamos alguns exemplos de cacoetes de linguagem:[1]

1. "Tipo": essa palavrinha tem sido empregada de maneira aleatória em um discurso, perdida entre outras palavras,

---

[1] Identificando os cacoetes de linguagem – Mundo Educação. Disponível em: <http://mundoeducacao.bol.uol.com.br/gramatica/cacoetes-linguagem.htm>. Acesso em: 09.11.2017.

sem nenhum tipo de utilidade. Para quem adora incluir o "tipo" em uma frase, ele pode servir, acreditem, como uma espécie de pontuação na linguagem oral: "Eu não sei (tipo), acho melhor a gente (tipo) pensar melhor no que vai fazer para depois (tipo) não sofrer com as consequências...".

2. "Meio que": de repente, você "meio que" se identificou com nossa lista de cacoetes linguísticos? Não se desespere, conhecer os vícios de linguagem é uma ótima maneira de superá-los! "O professor (meio que) pegou os alunos de surpresa com aquela prova!".

3. "Tipo assim": Se você pensa que o "tipo assim" é um vício de linguagem que só acomete os adolescentes, está muito enganado! O "tipo assim" tornou-se uma espécie de epidemia linguística e, nos casos mais graves, pode ser encontrado até mesmo nos textos escritos. Que tal um antídoto? Formalmente, o "tipo assim" não possui nenhum valor semântico! "Ele ficou (tipo assim) chocado com a notícia que recebeu!".

4. "Cara": "Cara", "tipo assim", todo mundo conhece alguém que adora se referir às outras pessoas dessa maneira, não é mesmo? E quando o "cara" não serve nem pra isso? Pois é, acontece, veja só um exemplo: "(Cara), você perdeu, (cara) o show foi muito bom, só feras (cara)!".

5. Gerundismo: quem nunca foi vítima desse cacoete linguístico? O gerundismo é um modismo que utiliza de maneira inadequada a forma nominal *gerúndio*. Na tentativa de reforçar a ideia de continuidade de um verbo no futuro, acabamos complicando o que já é suficientemente complicado, e o que antes podia ser dito de maneira mais econômica e direta foi substituído por uma intrincada estrutura que prefere utilizar três verbos, em vez de apenas um ou dois: "Nós

vamos estar identificando o problema e, assim que pudermos, *estaremos entrando* em contato para solucioná-lo".

Agora, conhecendo os cacoetes linguísticos, podemos evitá-los, sobretudo, quando escrevemos. Sem esquecer que a principal função da língua, que é um instrumento dos falantes e para os falantes, é auxiliar nas interações sociais para facilitar a compreensão, e isto é o que importa. Daí a importância de nos adequarmos aos tipos de linguagem, de acordo com o contexto comunicacional.

A língua possui variações e nós não devemos olhá-las com preconceitos ou como erros, mas se faz necessária a consciência de que ela é mutável, histórica, opaca e heterogênea.

Outro fator importante nesta discussão sobre a adequação linguística é o que chamamos de *funções da linguagem*, as quais se apresentam nos textos orais e escritos de seis formas:

1. *Função denotativa:* essa função é também chamada de referencial ou jornalística, pois apresenta o fato tal qual aconteceu na vida real. Portanto, é uma função mais literal e de fácil compreensão. Por exemplo, podemos dizer: "Em 1945 foram destruídas duas cidades japonesas com a bomba atômica: Hiroshima e Nagazaki. Ainda hoje, vários japoneses sofrem o efeito da sua radioatividade".

2. *Função conotativa:* já a linguagem, na sua função conotativa, deseja mostrar a realidade em sentido figurado, metafórico; sendo mais própria do discurso literário. Vejamos o mesmo exemplo acima, agora na letra da música, "A rosa de Hiroshima", do compositor Vinicius de Moraes.

A rosa é a bomba atômica que deixou crianças, meninas, mulheres feridas e que, ainda hoje, sofrem com seus efeitos hereditários. Essa rosa possui atributos humanos, como já vimos em capítulo anterior. Tal figura chamamos de *personificação* ou *prosopopeia*.

3. *Função fática*: é aquela que deseja estabelecer contato com um ou vários interlocutores. Observemos que cada uma dessas funções tem que ser ajustada ao contexto de uso, ou seja, passar por uma adequação linguística, para ser bem entendida e interpretada. Vejamos alguns exemplos: 1. "Olá, como vai!"; 2. "Todos os estudantes estão entendendo o assunto?"; 2. "Por favor, telefona-me. Tudo bem?...".

4. *Função conativa:* a pronúncia desta função parece, foneticamente, com a segunda, mas o sentido é bem diferente. O vocábulo conativo vem do verbo convencer, portanto, ela deseja convencer o seu interlocutor. É uma função de linguagem muito utilizada pelas propagandas das organizações. Um vendedor também poderá utilizá-la, sobretudo, no ato de vender um produto ou bem de serviço, pois ele usa de todos os artifícios para convencer o cliente. Usamos esse tipo de linguagem também no nosso cotidiano familiar, no trabalho, na igreja, sempre que desejamos convencer alguém.

Alguns exemplos: 1. "Comprando este produto demartológico, você verá como a sua pele vai ficar sem espinhas, pois eu usei e fiquei bom"; 2. "É melhor você rezar menos, mas com mais qualidade e unção".

5. *Função expressiva ou poética:* própria da literatura e, sobretudo, muito presente nos poemas, esta função tenta dar expressividade aos textos literários propositalmente. Temos, aqui, a rima, o número de sílaba de cada verso, a prosódia da acentuação tônica do verso, com seus elementos de duração e sonoridade. Vejamos, por exemplo, o poema, "Canção do exílio", de Gonçalves Dias:

Minha terra tem palmeiras,
Onde canta o Sabiá;
As aves que aqui gorjeiam,
Não gorjeiam como lá.

Nosso céu tem mais estrelas,
Nossas várzeas têm mais flores,
Nossos bosques têm mais vida,
Nossa vida mais amores.

Em cismar, sozinho, à noite,
Mais prazer eu encontro lá;
Minha terra tem palmeiras,
Onde canta o Sabiá.

Minha terra tem primores,
Que tais não encontro eu cá;
Em cismar, sozinho, à noite,
Mais prazer eu encontro lá;
Minha terra tem palmeiras,
Onde canta o Sabiá.

Não permita Deus que eu morra,
Sem que eu volte para lá;
Sem que desfrute os primores
Que não encontro cá;
Sem qu'inda aviste as palmeiras,
Onde canta o Sabiá.[2]

---

[2] DIAS, Gonçalves. Canção do exílio. Disponível em: <http://www.horizonte.unam.mx/brasil/gdias.html>. Acesso em: 16.11.2017.

Como vemos, Gonçalves Dias fez todo um trabalho com a letra e escolha dos vocábulos, como também com a arrumação formal dos mesmos. Isto para oferecer uma maior expressividade poética ao poema. Já na primeira estrofe, observa-se a presença das rimas cruzadas: [sabiá] e [lá]; também encontramos neste verso, como em todo o poema, a presença da redondilha maior, versos heptassílabos (com sete sílabas). Na segunda estrofe, a rima continua cruzada: [flores] e [amores]; como em todo o poema: permanecem cruzadas entre o segundo e o quarto verso de cada estrofe, sendo que nas duas últimas estrofes, mais longas, temos rimas cruzadas no segundo, quarto e sexto versos.

Na segunda estrofe, encontra-se um intertexto, ou seja, uma relação com o Hino Nacional Brasileiro, que é citado quase textualmente em sua segunda parte. Vale lembrar que o Hino Nacional foi composto por volta de 1909 (início do século XX), enquanto a "Canção do exílio", uma peça do Romantismo literário, data de 1846 (século XIX): "Nossos céus têm mais estrelas... Nossos bosques têm mais vida...".

Todo esse trabalho literário é feito para que se atinja a beleza poética e expressiva com a arrumação dos vocábulos no texto do poema. Esse poema também deverá ser contextualizado no momento de sua leitura e estudo. Vale lembrar que o momento de enunciação desse texto lembra o exílio de Gonçalves Dias, que nunca mais chegou a ver as suas palmeiras do Maranhão, pois seu navio naufragou quando se dirigia para o Brasil.

6. *Função metalinguística:* é aquela em que a linguagem fala dela mesma, das suas estruturas internas e de seus conteúdos de significado. Por exemplo, uma gramática que es-

teja explicando a sintaxe do período composto, ou um professor que esteja ministrando esta aula, o fazem na mesma língua que ela está sendo estudada. Assim, temos a Língua Portuguesa tratando dela mesma. Vejamos um exemplo com dois verbetes de dicionário:[3]

1. *Antessala* = sala que precede à principal; o mesmo que sala de espera;

2. *Entoação* = ação de dar tom à música que se quer tocar ou cantar. Modulação na voz de quem fala, lê, recita, proclama ou canta. Canto a uma ou mais vozes.

Vemos a própria língua explicando os sentidos de seus vocábulos, portanto, esta é a função metalinguística da linguagem.

Ao se tratar de adequação linguística, seja na escrita, seja na oralidade, é sempre bom se valer das funções da linguagem, porque o dia todo nós as utilizamos.

A *humildade* dos interlocutores é fundamental nos processos dos atos de fala, pois, muitas vezes, o emissor precisa se esconder por trás dos véus para favorecer, pela maneira simples e clara do dizer (princípio da clareza), o entendimento dos seus receptores. Sabemos que é inútil escrever ou pronunciar alguma coisa sem se fazer entender, pois a comunicação não acontece, e se supõe que quem tem algo a transmitir, deseje fazer isso com exatidão e clareza. Por outro lado, o receptor também deverá ser humilde e se esforçar para entender a mensagem e, se for, na oralidade, tirar suas dúvidas com o protagonista da ação verbal.

Por muitas vezes, vários autores abusaram da retórica e dos rebuscos nas suas produções textuais, sobretudo, escri-

---

[3] Ambos os significados foram retirados de: *Dicionário Houaiss da Língua Portuguesa*. 4. ed. ver. e aumentada. Rio de Janeiro: Objetiva, 2010.

tas. Perda de tempo, pois não é fazendo usos desses artifícios que seremos julgados como competentes, mas, sim, se soubermos dialogar com o nosso interlocutor. Mesmo para propor coisas novas, que seja feito com concisão, clareza, espontaneidade, sem prolixidade e rebuscamentos, pois o bom é deixarmos nossas teses inteligíveis, para que os leitores ou ouvintes possam entendê-las, emitindo suas opiniões e críticas, pois é assim que o saber é construído e que nascem as novas teorias científicas.

Por isso, achamos por bem, já quase no final do capítulo, trazer este conselho para todos aqueles que se propõem a escrever ou dizer algo (publicar). É necessária a *humildade dos sábios*. Só com esse dom é que conseguimos adequar a nossa linguagem para crianças, analfabetos, superletrados, jovens, velhos, em vários contextos sociais: universidades, igrejas, clubes, em casa, no campo, no seio familiar... O importante é que a mensagem seja transmitida e entendida na sua integridade.

E não podemos esquecer que a norma culta/padrão da Língua Portuguesa é necessária e tem a sua função social, adequando seus registros (formal ou informal – coloquial) aos momentos em que devemos utilizá-la. Ela é importante para *garantirmos a unidade linguística*.

No próximo bloco, intitulado de *coda*, traremos as nossas considerações finais. Como a coda é a consoante final presente na última sílaba de algumas palavras, assim, metaforicamente, esta parte do livro é uma coda que o finaliza, mas que, ao mesmo tempo se abre, sugerindo novas pesquisas em torno dessa temática tão importante para as línguas.

5

Coda

Chamamos nossas considerações finais de *coda* para enfatizarmos o que já foi dito no capítulo referente à prosódia. Como vimos, a coda é a última consoante de algumas palavras que a possuem, quando se estudam as sílabas, sobretudo em seu aspecto de sonoridade. É nesse sentido de conclusão desse texto, que utilizamos tal comparação, porque sua temática é inconclusa, pois nosso intento foi motivar novas pesquisas para o enriquecimento da linguística e, sobretudo, dos estudos realizados com a Língua Portuguesa.

Desejei, portanto, dar um pontapé inicial para uma retomada desses estudos linguísticos, às vezes tão esquecidos pela escola. Sabemos que se encontram, no mercado bibliográfico, muitos compêndios que aprofundam, separadamente, os estudos de semântica e, dentro destes, encontram-se os aspectos da pragmática e da prosódia. Com relação a este último assunto, temos ainda uma bibliografia rara e, por tratar da fala nos seus processos de acentuação, sonoridade, duração, entoação, resolvemos colocá-la neste livro, já que auxilia na construção de sentidos dos textos e na sua consequente interpretação.

Nosso olhar dirige-se aos professores de Ensino Médio e aos alunos que se iniciam nos estudos mais aprofundados de linguística nos primeiros semestres dos cursos de Letras.

Também foi nosso intento sugerir formas de ensino que tenham por base esta tríade: semântica, pragmática e prosódia. A fonética/fonologia, a morfologia e a sintaxe são importantes para o entendimento e a boa escrituração de uma língua, mas sabemos que os sentidos, para serem profundamente entendidos, buscam nas questões relacionadas com a semântica uma forma mais apurada de inteligibilidade.

Nosso objetivo central foi apresentar um manual que motivasse os interessados pelas questões de linguagem a se debruçarem sobre os estudos da interpretação dos textos a partir da semântica, pragmática e prosódia, com o intento de facilitar os processos comunicativos, finalidade básica de toda e qualquer língua, visto que a pesquisa não pode parar e que o fenômeno linguístico é dinâmico e encontra-se em constante mutação.

Usei alguns dos meus dias para me debruçar sobre estes estudos com vagarosas saudades e silenciosas lembranças do tempo em que frequentava o curso de Letras na Universidade Federal de Pernambuco. Foi lá que escutei pela primeira vez o que hoje disserto neste livro. É no silêncio das recordações "linguisticias", diante da "frieza" do computador, que busco uma maneira eficiente de passar para os meus leitores e leitoras aquilo que lá aprendi e, também, tendo por base as minhas práticas pedagógicas.

Vamos, portanto, incluir aqueles que não possuem a variedade padrão da língua, mas que se expressam com logicidade para o seu contexto social. Vamos saber aproveitar das variedades linguísticas, seja na escrita ou na oralidade, com seus diversos traços prosódicos, sem o preconceito linguístico, pois o importante é saber viver e usar a língua para comunicar os sentimentos.

A escola deverá ensinar a norma culta, seus sentidos tradicionais, os traços prosódicos da própria língua, para lhe garantir uma unidade, mas que faça isso com intensidade, dando sentido a cada atitude do estudante, tendo muita flexibilidade com aqueles grupos que, nas suas diversas situações linguísticas, também se expressam bem.

E, como dissemos na apresentação, são vocês, caros leitores e leitoras, que vão dar os sentidos destas linhas, pois ler é um processo de construção semântica que se dá a partir dos conhecimentos prévios e compartilhados.

Que essas nossas reflexões e divagações possam motivar novas pesquisas em torno das temáticas aqui referenciadas.

Posfácio

Honra-me, sobremodo, o convite para discorrer sobre a qualidade técnica deste precioso trabalho do mestre, sacerdote, monge, escritor, conhecido como Dom Bruno, pessoa a quem sempre aplaudi como cidadão, profissional, mensageiro da Palavra de Deus, por sua conduta ilibada, seu conhecimento cultural e sua produção intelectual. O autor, que sempre demonstrou o descortino de quem se dispõe a enfrentar os desafios, com a presente obra, realiza valiosa contribuição literária, discorrendo, com seu amplo conhecimento, sobre temas diversos, com natural proficiência e singular praticidade. Tem uma imensa preocupação em utilizar os estudos da Língua Portuguesa em todas as suas dimensões, demonstrando que a linguagem, em seu aspecto artístico, estrutural ou prático, é parte integrante de nossa vida, instrumento indispensável tanto para a aquisição de conhecimento em quaisquer áreas do saber como para nossa participação nos mais diversos contextos sociais de interlocução.

Percebe-se, nesta obra, *O texto e sua interpretação: noções de semântica, pragmática e prosódia*, que as investigações da linguística textual revalorizam as questões atinentes à existência de uma unidade linguística superior à frase "o texto", numa tentativa de conceptualizar um nível de análise irredutível, do ponto de vista semântico, bem como uma nova concatenação de frases (organização do pensamento) e do processo interacional (produção de sentido). Segundo as propostas da linguística textual, traz também a identificação do texto como documento, no qual se inscrevem as múltiplas possibilidades da interpretação e do discurso.

Diante de toda abordagem, o autor utiliza-se de mecanismos que se conectam entre "sentido linguístico" e "interpretação textual", que constrói uma visão certamente simbolizada, mas essencialmente referencial do mundo. Demonstrou como o signo linguístico é capaz de associar o significante a um significado pleno nas suas relações semântica e paradigmática, valorizando a importância da gramática para a preservação da ordem do idioma, mas também a consideração do fato da língua ser "mutável" e passível de constantes alterações, enfocando o contexto social, histórico e regional da população falante.

No desenvolvimento dos capítulos, temos como de extrema importância a apresentação de exemplos ilustrativos em consonância com os estudos teóricos. Nesse sentido, é possível fazer uso dos processos diversos de ensino das questões em pauta, quando consideradas no contexto de sala de aula, bem como é dada especial relevância às relações entre interpretação, produção e escrita dos tipos de textos, estes relacionados sobre formas diversificadas, de acordo com as intenções e finalidades do ato comunicativo.

Este novo livro do autor é recebido por nós, educadores, como uma importante e significativa contribuição à formação de professores, trazendo ideias e novos caminhos aos estudos, proporcionando novas pesquisas nas áreas da linguagem e produção de textos. Ao educando e leitor, ele oferece uma grande colaboração para o alcance de vir a ser um produtor de textos crítico e consciente.

Ler e compreender esta obra perpassa pelos prazeres da prática da leitura, produção e escrita. Como professores atuantes ou futuros profissionais de Língua Portuguesa, devemos assumir o exercício da profissão com a cabeça, com o coração e com os pés no chão. Com a cabeça, para que nunca percamos de vista a necessidade de atualização constante, a importância da leitura de textos recentes da área; com o coração, porque é fundamental o amor à atividade de ensinar, mas com os pés no chão, porque jamais nos podemos esquecer da realidade do ensino neste país cheio de desigualdades e injustiças.

Ao apresentá-lo ao público, reafirmo o meu orgulho, minha gratidão por ter conhecido e acompanhado durante tantos anos a jornada de Dom Bruno. Certamente, os seus livros trazem boas contribuições para o âmbito educacional e social.

Petrolina (PE)
Maria Elisangela de Souza Magalhães

É supervisora pedagógica de educação do Serviço Social do Comércio (SESC), na Unidade de Petrolina/PE, e professora de Língua Portuguesa e Inglês do Ensino Fundamental II, da rede municipal de educação.

Referências

BAGNO, Marcos. *A Língua de Eulália: novela sociolinguística*. 11. ed. São Paulo: Contexto, 2001.

_____. *Preconceito linguístico: o que é, como se faz*. 20. ed. São Paulo: Loyola, 2003.

CANÇADO, Márcia. *Manual de semântica: noções básicas e exercícios*. São Paulo: Contexto, 2013.

COUTINHO, Maria da Soledade V. L. *Os implícitos presentes nas manchetes das capas das revistas Veja.* Nazaré da Mata – PE: Universidade de Pernambuco (UPE), 2008. Monografia de especialização.

DEMO, Pedro. *Leitores para sempre*. 3. ed. Porto Alegre: Mediação, 2009.

DUCROT, Oswald. Pressupostos e subentendidos: a hipótese de uma semântica linguística. In: *O dizer e o dito*. Campinas (SP): Pontes Editoras, 1987, cap. 1, pp. 13-30.

FOULKES, P. Sociophonetics. In: BROWN, K. (ed.). *Encyclopedia of Language and Linguistics*. 2. ed. Amsterdam: Elsevier Press, 2005, p. 495.

KOCH, Ingedore V.; TRAVAGLIA, Luiz Carlos. *A coerência textual*. 16. ed. São Paulo: Contexto, 2004.

LIRA, Pe. Bruno Carneiro. *Alfabetizar letrando: uma experiência na Pastoral da Criança*. São Paulo: Paulinas, 2006.

_____. *Leitura e recontextualização: o discurso multicultural*. São Paulo: Paulinas, 2010.

_____. O pobrema é qui num sei o quifazê. Tôpagano! In: LIRA, Bruno Carneiro (org.). *Linguagem e ensino: realidades que se intercruzam*. São Paulo: Paulinas, 2012, pp. 19-44.

LOPES, Ana Cristina Macário. A pragmática linguística e o ensino do Português. Faculdade de Letras de Coimbra. Disponível em: < http://www.ipg.pt/user/~ricardojorge

41/Aprendizagem%20da%20ESCRITA/A%20Pragmatica%20Linguistica%20e%20o%20ensino%20do%20Portugues.htm >. Acesso em: 18.10.2017.

MANGUEL, A. *Uma história da leitura*. São Paulo: Companhia das Letras, 2004.

MARTINET, A. *Elementos de linguística geral*. São Paulo: Martins Fontes, 1970.

MATEUS, Maria Helena Mira. Estudando a melodia da fala: traços prosódicos e constituintes prosódicos. Disponível em: < http://www.iltec.pt/pdf/wpapers/2004-mhmateus-prosodia.pdf >. Acesso em: 26.10.2017.

MÜLLER, Ana Lúcia de Paula; VIOTTI, Evani de Carvalho. Semântica formal. In: FIORIN, José Luiz (org.). *Introdução à Linguística: II. Princípios de análise*. São Paulo: Contexto, 2016, pp. 137-159.

PERES, Daniel Oliveira. O papel da prosódia na identificação das variedades regionais do português brasileiro. Universidade de São Paulo. Programa de Pós-graduação em Filologia e Língua Portuguesa. São Paulo: 2011. Disponível em: < file:///C:/Documents%20and%20Settings/bedson/Meus%20documentos/Downloads/2011_DanielOliveiraPeres_VRev%20(6).pdf >. Acesso em: 24.10.2017.

SILVA, André Luiz. Implícito e não dito no gênero blog: o caso dos blogs do além. Disponível em: < http://www.periodicos.letras.ufmg.br/index.php/anais-linguagem-tecnologia/article/viewFile/4732/4452 >. Acesso em: 13.09.2017.

SILVEIRA, Jane Rita Caetano da. Cognição, relevância e textualidade. In: CAMPOS, Jorge; RAUEN, Fábio José (org.). *Tópicos em teoria da relevância*. Porto Alegre: Edipucrs, 2008, pp. 68-95. Disponível em: < http://www.pucrs.br/edipucrs/teoriadarelevancia.pdf >. Acesso em: 18.10.2017.